Jutta Belle

DER WEG IST DEIN ZIEL

Jutta Belle

DER WEG IST DEIN ZIEL

Juabell Verlag

Bibliografische Information der Deutschen Bibliothek

Die Deutsche Bibliothek verzeichnet diese Publikation in der Deutschen Nationalbibliografie; detaillierte bibliografische Daten sind im Internet über http://dnb.ddb.de abrufbar.

ISBN: 978-3-942059-07-7

Lektorat und Interview: Dagmar Neubronner, www.dagmarneubronner.de
Layout: Norman Gronostay, www.norman-gronostay.de

Druck und Bindung: Finidr s.r.o, Tschechische Republik
Copyright © 2016 Jutta Belle-Ragnolini
Juabell Verlag, Am Bühl 2c, D-87452 Altusried

Inhalt

Vorwort

Ich bin hier in diesem Sein, um denen, die jetzt hier das Licht in sich selbst manifestieren möchten, das Neue Sein zu vermitteln. Um diesen Weg gehen zu können, braucht es einige Informationen. Die folgenden Informationen kommen aus dem Reinen Geist und können jedem den Weg weisen, der ihn von Herzen gehen möchte.

Wenn du ein Lichtträger oder ein Lichtarbeiter bist, dann findest du hier in diesem Buch alle Informationen, das Wissen und das richtige Werkzeug, die du benötigst, um deine Transformation zu vervollkommnen.

Informationen, die vom Reinen Geist geprägt wurden, tragen immer die Frequenz des Herzens. Diese Frequenz des Herzens muss auch in dir so ausgeprägt sein, dass deine Wesenheit sichtbar die Attribute der Liebe und des Lichtes ausdrückt. Vertrauen ist die stärkste Kraft, die in jedem Einzelnen ausgeprägt vorhanden sein muss.

Wenn wir von dem vollkommenen Ausdruck einer Wesenheit sprechen, dann meinen wir den physischen Körper, der in dem Höheren Selbst ruht, welches wiederum ein Teil-aspekt einer noch höheren Wesenheit ist, nämlich der Gött-lichkeit, von der es stammt. Diese Wesenheit, unsere eige-ne Göttlichkeit, kann sich direkt mit der Quelle allen Seins, beziehungsweise mit der Quelle des All-Einen verbinden und von dort aus die Informationen oder die Kraft, die man braucht, in dieses Sein fließen lassen. Das bedeutet, dass man sich selbst in dieser Verbindung sehen muss, nämlich als ein großes, einheitliches Wesen in der Größenordnung, die ich gerade beschrieben habe.

Wenn ich mir dazu, sowie ich in Meditation gehe, noch vorstelle, dass ich gut geerdet bin, also gut verwurzelt, und dann meine Hand auf den richtigen Punkt des Herzens lege, um damit die Verbindung herzustellen über den Ge-samtausdruck meiner Wesenheit bis hin zur Quelle, dann fühle ich zum ersten Mal meine wahre Größe und den Frie-den, der sich damit in mir ausbreitet.

Vom physischen Herzen ausgehend verbinde ich mich dabei mit dem Herzen des höheren Selbstes und von dort aus mit dem Herzen der Göttlichkeit, die nun die Verbin-dungsfäden bündelt und über die Fontanelle des Kopfes, das Kronenchakra, ein dickes goldenes Seil bis hin zur Quelle allen Seins, des All-Einen führt. Von dort erhalte ich die rei-nen Informationen, die ich benötige, um mich verändern zu können, oder aber um die Hilfen zu erhalten, die für mich und meinen Körper wichtig sind.

Von unserem Herzen steigen viele, viele goldene Ver-bindungsfäden nach oben auf, und ein Teil davon führt auch in unser Gehirn. Das Herz ist das wahre Zentrum, mit dem wir denken und Neues erschaffen können. Das Gehirn ist eigentlich ein Computer, in dem all das, was man erlebt und erfahren hat, gespeichert wird. Das bedeutet, dass man vom Gehirn nie etwas Neues, noch nicht Erfahrenes, abrufen kann.

Nur über das Herz kannst du neue Informationen, die aus der Quelle allen Seins kommen, in dieses Sein holen und hineinfließen lassen.

Wenn du die ganze Hand auf dein Herz legst, egal welche, dann spürst du Wärme und eine tiefe Entspannung und Frieden. Damit weißt du, dass du den richtigen Punkt getroffen hast. Den richtigen Herzpunkt, auf den du deine Hand legen solltest, findest du auf dem Brustbein zirka eine Handbreit unter dem Halsansatz.

Hier in diesem Sein leben wir leider nicht unseren Gesamtausdruck, der auch unsere Feinstofflichkeit und die Gesamtheit aller unserer Körper ausdrückt. Deswegen beschreibt das Buch alles, was wir für unseren Weg benötigen, damit wir im Lebensalltag immer die Gesamtheit unserer Wesenheit leben und ausdrücken können.

Dieses Buch ist für diejenigen geschrieben worden, die hier in dieses Sein gekommen sind, um ihre wahre Natur des Lichtes und der Liebe leben und ausdrücken zu können. Es soll all den vielen lichtarbeitenden Kräften zur Unterstützung dienen, damit sie sich aus den Fesseln derer befreien, die hier in diesem irdischen Sein herrschen. Sie erhalten hier die richtige Unterstützung, um aus der Manipulation des Denkens und Handelns auszusteigen und in die eigene und wahre Form des eigenen, persönlichen

Ausdrucks kommen zu können.

Es ist ein Handbuch für diejenigen, die vergessen haben, wer und was sie sind, und die hier den Grund ihrer Inkarnation wiederfinden, indem sie ihre wahre Seinskraft wiederentdecken und herstellen können.

Erlaube dir dieses Wissen, dass dich wieder an die wahre Manifestierung deiner Wesenheit erinnert und dich in die Veränderung führt. Diese erlaubt dir, deine Größe, deine Liebe und dein Licht zu leben.

Jutta Belle, Garda, Italien, Januar 2016

Einleitung
Der Weg zum Neuen Sein

Der Eintritt eines jeden Menschen hier in dieses Sein beginnt mit der Freude, die er spürt, wenn er weiß, dass er jetzt hier in das irdische Sein eintauchen wird, um sich in seiner Kraft zu manifestieren, in der reinen Kraft, die er selbst ist. Das, was ein jeder von uns ausdrückt, ist ihm wichtig, denn jeder will es hier all denen bringen, die sich hier in diesem Sein nach Liebe und Licht sehnen. Wir sind in der Freude, sind überglücklich und lieben alles, was jetzt mit uns gemeinsam hier im Irdischen wirken wird.

Manchmal fühlen wir uns hier in diesem Sein traurig, in dieser Welt der Dichte, des Missklangs, in dieser dunklen Zeit, und wir können uns oft nicht mehr zurückerinnern an die Zeit, als wir freiwillig beschlossen, hierherzukommen. Wir fühlen uns in solchen Momenten verlassen und einsam. Aber das ist nicht wahr. Wir sind gemeinsam mit unseren Brüdern und Schwestern hier in dieses Sein eingetaucht, um jetzt dabei zu sein und genau jetzt, in diesem

Augenblick, die Veränderung hier mit herbeiführen zu können.

Damals waren wir überzeugt, die Dunkelheit dieses Seins aufheben zu können, und waren Feuer und Flamme. Jetzt haben wir festgestellt, dass dies nicht in zwei Minuten zu machen ist, sondern etwas länger dauert. Wir haben hier in der irdischen Zeit vieles lernen müssen, um uns jetzt endlich hier auf Erden in unserer Seinskraft so ausbreiten zu können, wie wir es uns damals, als wir uns entschieden, in dieses Sein einzutauchen, vorgestellt haben.

Unsere Seinskraft hat sich verformt. Im ersten Augenblick waren wir glücklich. Dann kam die Zeit des irdischen Lernens, in der wir uns von unserer ursprünglichen Flamme, unserem ureigenen Ausdruck entfernt fühlten. Dieses Gefühl entsprach aber nicht der Realität, sondern wir haben hier einen riesigen Lernprozess durchlaufen. Das Gefühl der Distanz war nötig, damit wir jetzt das zur Verfügung haben, was wir brauchen. Nur dafür haben wir gelernt, und darüber hinaus ist uns klar geworden, wie sich diese Dunkelheit anfühlt und wie sie wirkt. Jetzt verstehen wir mehr und mehr, dass und warum auch unsere Mitmenschen so viel Liebe und so viel Licht brauchen, um ebenfalls zu ihrer Daseinsfreude zu finden. Denn die dunkle Schwingung dieses Seins hier zieht alle, die nicht gefestigt sind, hinab.

Dass wir Liebe und Licht sind, haben wir vielfach gehört, aber jetzt kommt es darauf an, dass unsere Herzensqualität, die Güte unserer Kraft, diesen Selbstausdruck von Liebe und Licht fördernd nach vorne trägt. Wir sind in der All-Einheit eingebettet, um diesen unseren Selbstausdruck hier in die allgemeine niedrigere Seinsschwingung hinein-strömen zu lassen. Jeder von uns ist eine einzigartige Kraft, die aus dieser Seinsebene etwas Neues machen möchte, hier etwas Neues einfließen lassen möchte, und zwar den Klang, den Ton, der uns aus tiefstem Herzen vertraut ist. So kön-nen wir hier ein Reich des Wohlklangs, der Vollkommenheit erschaffen.

Jetzt stehen wir hier inmitten all unserer Erden-Ge-schwister und fragen uns, ob das denn schon alles ist, was wir beitragen können. Es klingt ja ein wenig abstrakt, denn wer glaubt schon wirklich an die vollkommene Kraft seines Selbstes? Ja, das ist so. Aber wenn wir uns darauf besinnen, warum wir in dieses Sein eingetaucht sind, werden wir fest-stellen, dass wir gewachsen sind. Wir schaffen es immer öf-ter, uns auch in dieser dunklen Ebene in unserem eigenen Lichte wahrzunehmen und uns als das wiederzuerkennen, was wir in Wahrheit sind. Es ist uns zur täglichen Übung ge-worden, uns Tag für Tag mehr und mehr zu erkennen, uns trotz aller Widrigkeiten selbst auszudrücken und über alles, was der Unwahrheit entspricht, hinauszuschauen. Immer mehr sehen wir, worauf es ankommt.

Jeder von uns ist dann ganz in seiner Kraft, wenn er oder sie in seiner vollen Seinskraft hier zugegen ist. In diesen Augenblicken sind wir angebunden an den Ursprung, die Quelle unseres Seins, an die All-Einheit, an die ewige Kraft, den ewigen Bund unseres ewigen Seinsausdrucks. Auf der feinstofflichen Seite ist jeder von uns ewig und unendlich immer präsent. Deswegen ist es so wichtig, dass wir uns in unserer Unendlichkeit, im Verbund mit dem All-Einen

Sein, in unserer Schöpferkraft, Wahrheit, Liebe, Stärke, und in unserem vollen Ausdruck erkennen.

Alles, was das Wesen eines Menschen ausmacht, ist hier in seiner körperlichen Verankerung präsent und erhält den Zufluss der Kraft des All-Liebenden Seins der Wesen, die mit ihm sind, des Lichtes der Einheit, dieses vollkommenen, lebenden, seienden Ausdrucks der All-Liebenden Kraft. Diese Quelle allen Lebens ist die Kraft, die sich jetzt hier sichtbar macht. Die geistigen Helfer helfen alle mit, das neue Zeitengewebe zu erschaffen und hier in dieser Tiefe des abwesenden Lichtes eine neue Seinsebene zu erschaffen, die vollkommener und ausdrucksstärker sein wird, weil wir unser Licht und unsere Liebe hier verankert haben.

Es ist alles in uns. Die Kraft eines jeden von uns ist angebunden an das All-Eine, so dass wir immer und überall für all unsere Fragen die Antworten finden. Wer in sein Herz geht, erfährt, dass er angebunden ist. Wer in seine innerste Herzenskraft geht, gewinnt die Gewissheit, dass er oder sie all die Kraft erhält, die wir brauchen, um uns hier wirkungsvoll, ausdrucksstark und erhaben bewegen zu können. Alles Ursprüngliche liegt in unserer Kraft; die reine Kraft der All-Liebe ist in uns, und wir bringen sie hier, verwoben mit der Einheit, auf dieser Zeitenebene zum Ausdruck. Nur so kann diese Zeitenebene, dieser neue Zeitenbeginn sich hier auf Erden in ein vollkommenes Sein verwandeln. Durch uns im Verbund mit der All-Einheit wird sich diese Kraft der Liebe hier ausbreiten können. Durch dich, mit dir und mit jedem von uns kann so in all denen, die das Licht, die Freude und die Liebe leben wollen, die Leichtigkeit, die Harmonie und das vertrauende Sein angesprochen und erweckt werden. So können alle selbst in diese verwandelnde Kraft eintreten, damit auch für sie ein neuer Lebensbund des All-Liebenden Seins geschlossen werden kann. Wir dürfen uns lieben für das, was wir sind.

Wer in der Bewusstheit seiner Kraft angekommen und an den Ursprung, die »Quelle allen Seins« angeschlossen ist, steht unerschütterlich, damit diese Seinskraft sich hier ausbreiten und all die Herzen bewegen kann, die das Licht und die Liebe in der Gemeinsamkeit leben und ausdrücken wollen.

Wenn wir uns lieben und in das vertrauen, was wir sind, verstehen wir den Grund und die Wahrheit dessen, was jetzt hier geschieht, denn jetzt ist die Zeit gekommen, um das Wahre unseres ursprünglichen Seins hier auszudrücken, um die Wahrheit denen zu bringen, die für ihren Weg Hilfe benötigen. Dies geschieht durch den Klang, den Ton unseres wahren Selbstes, der die Einheit mit einbindet und den Wohlklang all der Zeiten in sich trägt, die jetzt kommen sollen.

Liebe ist immer gegenwärtig, immer in der Präsenz des Jetzt. Sie ist nie überflüssig oder überholt oder erst in der Zukunft zu finden, sondern immer im JETZT, im aktiven Zustand. Die Liebe ist überall zugegen, wo jemand in der Einheit seines Selbstes ist.

Vertrauen ist jetzt das Wichtigste.

Kapitel 1
Das wahre Wesen des Menschen

*Die reine geistige Form eines Jeden möchte sich hier leben und
ausdrücken*

Die Reinheit des Geistes möchte sich hier in diesem Sein
manifestieren. Dazu gehört natürlich auch die innere Bereitschaft, sich selbst im Lichte des reinen geistigen Seins
sehen zu wollen. Allerdings herrscht die Überzeugung,
hier in dieser Ebene die Reinheit nicht mehr so verkörpern
zu können. Wir wünschen es uns zwar und hoffen auch,
dass es so ist, aber man fühlt im Grunde genommen die
Materie dicht, grau, und nicht so rein und klar, beziehungsweise durchscheinend, wie es die geistige Reinheit ist. Das
erschafft für jeden von uns Probleme im Lebensalltag.
Wie kann diese Spannung zwischen unserer Wahrnehmung von dichtem Sein einerseits und der reinen klaren
Kraft des Reinen Geistes andererseits genutzt werden?
Dazu ist es notwendig, dass wir uns innerlich auf die

Ebene unserer geistigen Existenz, unserer geistigen Form begeben, um uns von dieser Ebene aus in unserem irdischen Sein als das zu erblicken, was wir tatsächlich sind, und um das dann zu leben. Aus dieser Perspektive sieht man jeweils, was an Reinheit und reiner geistiger Information hier vonnöten ist, und erhält für den eigenen Lebensauftrag die richtige Information, um diesen Aspekt des reinen Geistes im Lebensalltag nutzbar machen zu können.

Wenn wir hier in diesem Sein mit anderen Menschen zusammen sind, ist die irdische Wahrheit an das alltägliche Leben angepasst und besitzt dann auch diese Frequenz des Alltäglichen, denn es ist diese manipulierte Wahrheit, die hier gehandhabt wird.

Wer aber darüber hinaus geht, sieht, dass die reine geistige Form eigentlich etwas anderes vermittelt, und zwar die Essenz des Reinen Geistigen Seins. Das »Wahre« muss nicht mit dem Wort Wahrheit verbunden werden, und man muss nicht »ja« oder »nein« oder »positiv« und »negativ« auf irgendetwas antworten, um damit eventuell die Wahrheit herstellen zu können.

Es geht um die Essenz des reinen Geistes, und die geht weit über das alltägliche Sein hinaus und ist gebunden an das, was jeder Mensch selbst lebt und ausstrahlt. Das, was jeder Mensch wirklich ist, möchte sich hier in diesem Sein präsentieren, und dazu gehört die reine geistige Form eines jeden.

Wer in sich klar ist, in seiner Wahrheit des geistigen Seins lebt und eingebunden hier seinen Weg geht, um seine Aufgabe zu erfüllen, bei dem zeigt sich fortwährend im alltäglichen Denken, Sprechen und Handeln die Klarheit des geistigen Seinsaspektes.

Das ist der Unterschied zwischen Wahrheit und Reinheit, er hat mit den Worten »ja« und »nein« nichts zu tun. Auf der feinstofflichen Ebene ist es die Essenz unseres Seinsausdrucks, die sich auch hier auf der irdischen Ebene in der Klarheit und Reinheit ihrer eigenen Substanz leben und ausdrücken möchte.

Deshalb ist es so unerlässlich, daran zu arbeiten, dass wir das leben, was wir wirklich sind und nicht das, was wir uns anhand der hier im niedrigen Sein vorhandenen Informationen hergestellt haben. Diese Informationen sind Manipulationen, die mit den familiären Aspekten und Strukturen anfangen und durch Kirchen und Medien weiter geprägt wurden. Und wir können uns anschauen, was nun im Grunde genommen wirklich aus uns geworden ist, weil wir nicht den Zugriff auf das haben, was wir sind, sondern das manipulierte irdische Sein leben. Da spielt es dann keine Rolle mehr, ob wir noch zum richtigen Zeitpunkt »Ja« oder »Nein« sagen. In unserem Seinsausdruck hier auf Erden ist unser Seinsaspekt nicht mehr in seiner Klarheit und Reinheit sichtbar, für uns selbst nicht und auch für niemand anderen, denn er ist verdunkelt.

Damit muss sich hier jeder befassen, der das reine Sein ausdrücken und seinen wahren Seinsaspekt in diesem irdischen Sein zum Ausdruck bringen möchte. Nur so kann das, was man wirklich ist, im Irdischen gelebt und in der reinen Form des schwingenden geistigen Seins neu dargelegt und ausgedrückt werden. Vor allen Dingen kann es dann im Lebensalltag so eingebunden werden, dass alle anderen davon auch profitieren, indem sie erkennen können, dass es die Wahrheit ist, die sich hier ausdrückt, und feststellen: »Hier fühle ich mich zu Hause, hier fühle ich mich berührt, und hier erkenne ich, dass mir dieser Mensch nichts vorgaukelt, sondern die Reinheit zum Ausdruck bringt.«

Erlaubt euch zu sein, aber erkennt auch, was es bedeutet, die Wahrheit zu leben, nämlich das, was ihr seid und was auch unbedingt dazu gehört, um die Reinheit des geistigen Seins hier auszudrücken. Das ist wichtig!

Wir sind hier in diesem Sein, um uns zu manifestieren

Wir sind hier, weil wir aus Liebe hier in dieses Sein eingetaucht sind, um dieser neuen Zeit den Stempel unserer persönlichen Kraft, unseres Selbstausdrucks, unserer Liebesschwingung und all dessen, was uns ausmacht, aufdrücken zu können.

Diese Kraft wird immer dazu benutzt werden, dass diejenigen, die diesen Schwingungsbogen lieben oder mit uns über diesen Schwingungsbogen verbunden sind ihn auch wirklich nutzen können. Denn das bringt die, die diese Informationen benötigen, nach vorne, das hebt sie an und wird so auch sie auf einen neuen erhöhten Schwingungsbogen heben können, damit sie in dieser neuen Zeit, die bereits begonnen hat, ebenfalls existieren können. So können sie weiter wachsen und eine Anhebung auf eine neue Frequenz leben und ausdrücken.

Wenn wir das, was wir uns vorgenommen haben, ausdrücken wollen, müssen wir uns selbst zum Ausdruck bringen. Jeder von uns bestimmt selbst, was wir leben. Wir selbst geben uns hier die Form, wir selbst versuchen, uns hier zu manifestieren, damit sich auch unsere Mitmenschen in die Veränderung ihres Selbstes hineinbegeben können.

Wer nicht bereit ist, selbst die Verantwortung für sein Sein und Seinsgewebe zu übernehmen, wird sich überfordert fühlen, denn wenn ich nicht bereit bin und mich nicht in der Eigenschaft meiner mich selbst erhaltenden Kraft meines Selbstausdrucks hier manifestiere, ist es überflüssig, dass ich hier auf dieser Ebene zugegen bin.

Denn wenn ich hierherkam, um mich zu manifestieren und um das, was ich mir vornahm, hier leben zu können, dann ist es auch sinnvoll, dass ich an mir arbeite, und die notwendigen inneren Veränderungen bewältige und sie so angehe, dass sie sich in der Reinheit des geistigen Seins im Außen widerspiegeln können. Wenn ich mir nicht mehr wünsche, mich selbst zu leben und auszudrücken, dann ist es auch nicht mehr so interessant, hier zu sein. Wäre es dann etwa angemessener für mich, in das Reich zurückzukehren, aus dem ich kam?

Nein, denn dein persönlicher Wunsch hat dich hierher geführt; ihn, deinen Wunsch, wolltest du leben und ausdrücken. Also: Wenn du schon hier bist, dann tue es für dich und lasse dich nicht ablenken, denn du wirst hier in dieser Frequenz nur ein erfülltes Sein haben, wenn du dich ausdrücken und manifestieren kannst. Und das erlaubt dir wirklich ein vollkommenes, harmonischeres, angehobeneres Sein in der kommenden Zeit.

Wer sich nicht erlaubt, hier die Liebe und das Licht so zu manifestieren, dass der Kern seines Selbstes sich hier ausdrückt, der kann hier im Grunde nichts mehr erreichen und wird von nichts bewegt oder berührt. Das schafft große Unzufriedenheit, vielleicht sogar Krankheit, und vielleicht ist der Wunsch zurückzukehren in der Zwischenzeit auch ganz stark geworden, so dass derjenige sich sagt: Was mache ich hier? Ich gehe nach Hause.

Unsere Seinsform erlaubt es jedem von uns, sich hier zu manifestieren. Wir alle können hier Helfer und Gebärende für eine neue Zeit sein, aber wir können uns selbst nur erfüllen, indem wir uns wahrnehmen als das, was wir sind, und wissen: Wenn wir uns hier in Vollkommenheit manifestieren, können wir auch die Erfüllung unseres Selbstes leben und uns in der erfüllten Form unseres jeweiligen Selbstausdrucks wahrnehmen. Damit spürt man dann auch die vollkommene Liebe für sich und die Einheit und nimmt sie so wahr, dass man in der Verbindung mit dem All-Einen Sein das Vollkommene ausdrückt. Jeder von uns ist in der Einheit des gesamten geistigen Seins, in der Vollkommenheit geprägt und wurde hineingeboren in das irdische Sein, um diese Vollkommenheit auch hier hineinfließen lassen zu können.

Was uns hierhergetragen hat, ist die Liebe. Was wir hier manifestieren wollen, ist die Liebe und die Vollkommenheit der Einheit und des gemeinschaftlichen, gemeinsamen Seins. Entscheidend ist, dass wir in das vertrauen, was wir wirklich sind.

Unser Leben sollte sich immer um den Jetzt-Moment drehen. Wir sollten uns nicht um die Frage kümmern: Was ist in zwei Monaten? Oder in dreien? Wann geschieht, was von vielen »der Aufstieg« genannt wird? Anstatt uns in solche Spekulationen einzuklinken, sollten wir im Augenblick leben. Niemand weiß, was in fünf oder zehn Minuten ist. Wenn man den Jetzt-Moment lebt, dann ist man wirklich bei sich und kann den Augenblick auch ein bisschen konkreter wahrnehmen und verstehen.

Im Grunde geht es darum, dass wir uns und den Augenblick mehr genießen können. Wenn wir es schaffen, ganz bei uns zu sein, in uns zu ruhen, dann haben wir Frieden, dann sind wir im Gleichgewicht und werden weniger durchgeschüttelt.

Dieses Ruhen im eigenen Selbst braucht jetzt mehr Beachtung. Das Werkzeug hierfür ist unser Herz. Wir sollten jetzt mehr die Information leben, die aus dem Herzen kommt, und uns in unserer wirklichen Größe erleben. Es ist jetzt so wichtig, im Jetzt diese Liebe, dieses Licht – das wir selbst sind – zu leben und auszudrücken. Dann sind wir weniger leicht zu irritieren und aus unserer in uns selbst ruhenden Position zu bringen, wo wir uns als Ganzes fühlen und zwar immer und überall.

Wir können immer nur auseinandergezerrt werden, wenn wir diesen Status verlassen. Und während jeder von uns sein oder ihr Bestes tut, fühlen wir uns von innen heraus erfüllt und sind nicht in der Not, ob andere uns sehen, uns mögen, oder nicht. Das ist jetzt ganz besonders wichtig.

»Das, was ich mir vornahm, kann ich auch manifestieren und ausdrücken«

Wir sind hier in diesem Sein, um hier die reine geistige Kraft der All-Einheit leben und präsentieren zu können. Das ist sehr wichtig für all diejenigen, die jetzt den Weg aus dem irdischen Dilemma suchen, um eine bessere Lebensweise für sich zu finden. Wenn wir in der Absicht hierhergekommen sind, hier mitzuhelfen, damit sich hier ein neues Sein manifestieren kann, dann tragen wir auch die Kraft in uns, hier in diesem Sein leben und wirken zu können.

Niemand ist hier, der diese Kraft nicht hat, niemand ist hier, der nicht gewusst hat, dass er auf ganz große Widerstände treffen würde. So! Und diese Widerstände sind es, die jetzt an uns nagen. Aber wir haben es gewusst. Es war unsere Absicht, uns hier in diesem Sein in unserer Seinskraft manifestieren zu können, egal, wie viel Aufwand es kosten würde. Wir wollten vereint mit der All-Einheit hier in diesem Sein wirken. Wir wollten diese reine Kraft wahrnehmen, um uns aus unserem eigenen Wissenspotenzial heraus hier auf Erden mit unseren feinstofflichen Geschwistern vereint zu fühlen. Und wir vermitteln all denjenigen, die es benötigen, dieses Wissen, einfach indem wir die reine Kraft unseres Selbstes hier zum Ausdruck bringen.

Alles, was der Wahrheit entspricht, wird sich auch hier in diesem Sein ausdrücken können. Und es ist klar: Die Absicht der »anderen« besteht darin, mich nicht zu dem werden zu lassen, was in meiner Absicht lag. Aber ich habe die Kraft. Ich schaffe es. In jedem von uns ist diese Kraft, dieses Wissen verankert, uns fortwährend in der Einheit zu fühlen und so auszudrücken, wie wir es uns ursprünglich vorgenommen haben.

Das Gefühl der Traurigkeit, das zwischendurch in Erscheinung tritt, hat nur den einen Grund, dass diejenigen, die unseren Selbstausdruck verhindern wollen, uns mit Frequenzen bombardieren und so bearbeiten, dass wir uns im irdischen Sein minderwertig fühlen, damit das, was jeder von uns wirklich ist, sich hier nicht erheben und manifestieren kann.

Darum ist es so wichtig, dass wir einfach im Gesamtausdruck unserer Göttlichkeit hier wirken und uns in der Einheit ausdrücken, denn nur damit können wir dieses Spiel der anderen unterbrechen und uns sichtbar in der Wirkkraft des reinen Geistes manifestieren, und zwar genau so, wie es unserem individuellen Selbstausdruck entspricht.

Diese Kräfte der Verzagtheit kommen also gar nicht aus unserem innersten Seinskern und drängen nicht aus unserem Ursprung hier in dieses Sein, sondern das ist von außen aufgezwungenes, niederfrequentes Sein, das uns manipuliert und zwar so, dass wir glauben, es käme aus unserem Inneren. Die Kraft, die in dir ruht, steht dir zur Verfügung, wenn du weißt, was du wirklich bist.

Wir wirken hier in einer großen Gemeinsamkeit

Bewusstes Sein bedeutet, dass wir uns auch im Lebensalltag immer in der Einheit fühlen nie ausgeschlossen, nie alleine, nie isoliert. Es ist besonders wichtig, dass wir uns klarmachen, dass wir hier nicht alleine tätig sind, sondern in einer großen Gemeinschaft. Dazu gehören ganz viele Wesenheiten auf der feinstofflichen Seite und auch viele Wesenheiten, die hier im Irdischen wirken.

Alles Sein, das jetzt in dieser Aufbauphase für ein Neues Sein hier mit tätig ist, ist in der Einheit miteinander aktiv und bringt ein ineinander gewobenes Sein zum Ausdruck. Die Pflanzenwelt oder die feinstoffliche Welt des physischen Seins, die Gnome, Elfen, Sylphen: All das, was hier aktiv ist, wirkt mit uns zusammen in der Einheit.

Jeder von uns ist ein Teil der hier wirkenden Gesamtheit. Wir bilden eine Einheit mit denen, die sich nicht hier mit uns in der irdischen Sphäre verwirklichen konnten, indem sie den Geburtskanal durchschritten. Sie alle stehen hinter uns und wirken durch jeden Einzelnen in der physischen Kraft mit. Darauf können wir vertrauen. Wer im Bewusstsein der Einheit hier wirkt, ist immer an die Kraft und das All-Wissen des All-Einen Seins angeschlossen. Er hat ein Kraftpotenzial in sich, das ihm oder ihr erlaubt, immer und überall in der Kraft des Geistes zu wirken und diese so zu manifestieren, dass die eigene Wirkkraft sich um ein Vielfaches potenzieren lässt.

Wenn wir uns hier im irdischen Sein im Bewusstsein unseres All-Wissens der All-Einheit bewegen, werden wir fortwährend andere Entscheidungen treffen können, als es uns sonst in unserer physischen Form überhaupt möglich wäre. Nichts kann der reinen Wahrheit des Reinen Geistes entgegengesetzt werden, nur trägt jeder Einzelne die Verantwortung dafür, was er jetzt hier manifestieren möchte. Wer sich eingebunden und in der Kraft der All-Einheit fühlt, kann nur das Reine manifestieren, die Reinheit des Reinen Geistes und die reine Kraft derer, die mit ihm oder ihr gemeinsam hier wirken.

Jeder ist ein Teil von allen und drückt diejenigen mit aus, die sich hier mit uns gemeinsam aktivierend betätigen, um für diejenigen das Neue Sein zu schaffen, die das Licht und die Liebe suchen, die das Licht und die Liebe leben wollen, und die vor allen Dingen ihrem inneren Ruf folgen, um in eine neue, gehobenere Seinskraft eintreten zu können.

Wer sich isoliert glaubt, fühlt sich schwach. Wer spürt, dass er oder sie in der Gemeinsamkeit hier tätig ist, fühlt sich stark von einer Kraft durchdrungen und einer Liebe, die immer und fortwährend in der Klarheit des reinen geistigen Ausdrucks aktiv ist. Wer hier das Neue Sein mitgestalten will, kann sein Kraftpotenzial nur in der Einbettung in das All-Wissen fördern und indem er sich in der Einheit all derer fühlt, die hier gemeinsam mit uns und durch uns wirken.

Alles wird leichter, wenn wir im Verbund mit der All-Einheit wirken

Wer sich erlaubt, in der Gemeinsamkeit mit seinen Helfern zu wirken, wird immer und fortwährend wirklich so unterstützt werden, wie es hier im Lebensalltag benötigt wird. Das mag neu und schwer zu glauben sein, aber du selbst musst dir die Erlaubnis geben, diese Unterstützung in Anspruch zu nehmen.

Warum trauen wir uns das nicht? Einfach, weil wir uns immer nur mit unserem äußeren Kleid identifizieren und weil wir uns immer noch in der Trennung sehen von der Gesamtheit dessen, was hier wirkt und tätig ist. Aber wenn wir darauf achten, können wir in unserem Lebensalltag während irgendeiner Tätigkeit auf einmal fühlen, dass die anderen Geschwister mit uns, durch uns tätig sind. Sie arbeiten mit deinen Händen durch dich oder sind mit dir im Wort verbunden, oder im Außen läuft die Arbeit viel schneller, ganz einfach, weil die geistigen Wesen mit einbezogen sind: im Garten, beim Kochen oder ganz egal, wo es gerade ist.

Wenn wir uns bewusst sind, dass wir ein Anrecht auf diese Unterstützung haben und sie nutzen sollten, werden wir auch den Erfolg sehen. Die Arbeitskraft erschöpft sich weniger, wir werden im Gegenteil aufgebaut, sowie wir uns bewusst mit all unseren Geschwistern vereint hier tätig erleben. Und deswegen ist es besonders wichtig, dass uns dieser Verbund mit der All-Einheit, mit allem Sein, gerade jetzt und in der kommenden Zeit bewusst ist, damit dass »Jetzt« die Veränderung erfährt, die nötig ist, um ein Neues Sein manifestieren zu können. Alles liegt im Jetzt, und alles liegt in unserer Bewusstheit verankert. Wenn wir es uns erlauben, wird sich die Kraft, die in uns und unserem Licht enthalten ist, hier in diesem Sein ausbreiten und so manifestieren können, wie es dieser Wahrheit entspricht.

Wer seinen Lebensalltag in dieser Art begeht, wird viel schneller mit all den Dingen fertig, die zu bewerkstelligen sind, und das bezieht sich auf alles, was jeder von uns tut, ob es geistiger Art ist, ob es feinstofflicher Art ist, oder ob es hier in diesem Sein mit der Hand gewirkte Kraft ist. Immer wird sich unser Bewusstsein der Gemeinsamkeit so auswirken, dass weniger Kraftverlust entsteht, ganz einfach weil man an den Kraftpool der All-Einheit angebunden ist und diese Kraft hier in dieses Sein zieht. Daher ist es so wichtig, dass jeder Einzelne sich im Verbund mit der Einheit hier wirken sieht.

Die Hand auf dem Herzen verbindet mit der all-liebenden Kraft der Einheit

Um das, was wir sind, hier zu leben und auszudrücken, brauchen wir auch die selbstverantwortende Kraft in uns. Man ist dann in seiner Seinskraft aktiv, wenn man sich in der vollen Verantwortung und Bewusstheit seines Selbstes befindet. Die Grundlage dafür ist die Liebe zu sich selbst.

Deine Liebe zu dir selbst ist die Basis für all das, was geschieht und dafür, wie deine Gedankenwelt ist. Alle Wesenheiten, die jetzt in eine neue Seinsebene gehen wollen, benötigen die Information, dass sie Liebe und Licht sind. Dieses Wissen ist nur dann wirklich im Außen zu finden, wenn jeder von uns in der Liebe zu sich selbst und seinem Selbstausdruck ist, seine eigene Mannigfaltigkeit hier lebt und die Vollkommenheit des All-Einen Seins hier manifestiert.

Dafür braucht jede Wesenheit den wahren Kontakt mit sich selbst. In der Vergangenheit sind wir oft mit uns selbst in Konflikt geraten. Wenn sich in diesem Sein hier andere Wesenheiten aufgebaut haben, die uns dazu veranlasst haben, im niedrigen Selbst zu leben, dann sind wir in einen inneren Widerstand geraten. Wir müssen verstehen, dass dieser Widerstand eigentlich die Kraft des vollkommenen Seins ist, unsere Seinskraft, unser Selbstausdruck, der anderer Art ist und sich nicht in diese niedrige Seinsform hat hineinzwingen lassen wollen.

Man kann sich in seinem Lebensalltag stärken, indem man sich in seine Göttlichkeit hineinbegibt und sich mit der Hand auf dem Herzen selbst spürt. So kann man sich in dem Wissen, dass in der Herzenskraft die richtige Führung lebt, in jedem Augenblick in der Vollkommenheit seines Seinsaspektes leben und ausdrücken.

Jeder von uns benötigt das, was er oder sie gelebt hat, als Wissen, um auch Anderen mit dieser Erfahrung helfen zu können. Wenn wir uns jeden Tag aufs Neue mehrmals bewusst mit dem Gesamtausdruck des eigenen Seins verbinden, werden wir auch all diejenigen berühren können, die das, was sie selbst suchen und selbst noch erfahren müssen, auch durch uns finden. Die Richtung, die sie dann einschlagen können, ist so auch für sie der wahre Wegweiser in ein Leben mit mehr Freude, in einer neuen Schwingungsart und in Vollkommenheit.

Nur in dem Ausdruck unseres gesamten Selbstes liegt auch die Heilung derer, die jetzt in eine neue Seinsebene eintreten wollen, sowie die Heilung der Erde und des gesamten Seins. Die Kraft dafür liegt im Gesamtausdruck des eigenen Selbstes, also in der Gemeinsamkeit unserer verschiedenen Seinsebenen. So können wir im Vertrauen unseren Weg gehen.

Kapitel 2
Die Beseelung des Körpers durch unsere geistige Kraft

Wir alle brauchen die reine geistige Kraft. Kraft ist überall um uns herum, aber sie ist zum Großteil negativer Art und vor allen Dingen eine herunterziehende, die Menschheit entwürdigende Kraft. Wir sind aber geistige Wesen, die hierherkamen, um hier in diesem Sein eine Veränderung herbeizuführen, und dazu brauchten wir den physischen Körper.

Der physische Körper ist an die hiesige Seinskraft gebunden, und das ist für uns problematisch, denn wir waren in der Freiheit unterwegs und sind jetzt an ein körperliches Sein gebunden. Dieses fällt im Alterungsprozess sogar dem Siechtum anheim, und jetzt fühlen wir genau, dass es eine Behinderung in uns gibt, die vom Körper ausgeht. Was können wir jetzt tun? Wir können uns ganz einfach jeden Tag in unserer geistigen Kraft in unserem Körper bewegen. Wenn wir in unserer geistigen Kraft voll angebunden sind, werden die körperlichen Beschwerden verschwinden, weil sie nicht diese herunterziehende, an diese Seinsebene bindende Kraft besitzen, sondern ebenfalls geistiger Art sind und sich aus dem Geiste heraus auflösen können. Wir können das spüren, wenn wir in unserem geistigen Status sind, im Bewusstsein unserer Göttlichkeit, in der Ganzheit, wenn wir in der reinen Kraft unseres All-Einen-Seins ruhen oder uns betrachten.

Es geht darum, zu verstehen, was wir eigentlich sind. Die hiesige Seinskraft ist bindender Art, sie bindet uns an die Verneinung unserer wahren Identität, unserer wahren Seinskraft. Und jeder von uns muss jetzt erfahren, dass er oder sie sich all die Jahre hindurch hat binden und in eine illusionäre Welt der niederen Kraft hat hineinmanövrieren lassen.

Wer in seiner Seinskraft ist, wird diese Form der Lebenseinheit anders sehen, sich in der kraftvollen Art seines Selbstes bewegen und auch seine Arbeit aus dieser Perspektive besser erfüllen können. Denn er oder sie ruht in sich selbst, ist angebunden an die reine Kraft des Geistes, die zu ihm gehört, und an das Wissen der All-Einheit, das sein Fundament hier in diesem Sein ist und das er oder sie hier einbringen wollte und noch möchte. Jetzt geht es darum, dass jeder von uns sich in der Wahrheit seines Selbstes befindet, in der Wahrheit seiner Kraft, in der Wahrheit der alles umfassenden Liebe und in der selbstlosen Kraft der Liebesbeziehung zwischen sich selbst und der universellen Kraft der All-Einheit.

Die All-Einheit trägt jeden von uns fortwährend und hilft uns, in dieser Seinsebene das reine Sein zu manifestieren, die Liebe, das gesunde Miteinander, das fortwährend kraftvolle, aufbauende Sein. Wem bewusst ist, wer und was er ist, kann sich hier in dieser Seinsebene auf der Ebene wiederfinden, die ihm eigen ist.

Die Liebe ist unsere Ausdruckskraft und Daseinsfreude

Liebe hat für viele nur mit Sex zu tun. Sie können sich gar nicht vorstellen, dass Liebe eine gleichmäßig strömende Kraft ist und alles im Gleichgewicht hält. Darum ist wahre, tiefe Liebe immer ausgleichend, heilender Natur und niemals hektisch und aufpeitschend. Es ist wichtig, dies zu wissen, denn der Missbrauch der Sexualität bringt Zersetzung und Zerstörung, also den Alterungsprozess. Wahre Liebe ist heilend und verbindend. Das liebevolle Sein beginnt mit mir selbst.

Jeder von uns ist in seiner Liebe hier zugegen, in der Liebe des All-Einen Seins. Und diese Liebesschwingung ist so einhüllend, man fühlt sich so zu Hause, man fühlt sich so angekommen. Sie ist warm und weich und dennoch eine stabile Kraft. Diese Kraft dient uns, baut uns immer wieder auf und richtet uns zur Vollkommenheit hin aus. Diese Kraft kommt aus der All-Einheit, aus der Liebe, sie erschafft dieses Universum, hüllt alles mit ein in ihrer starken Bindekraft, so dass all die Wesenheiten, die das Licht und die Liebe suchen, sich in ihr zu Hause fühlen.

Die Liebe ist unsere Daseinsfreude, sie ist das, was uns hier »sein« lässt, was uns hier in diesem Sein durchhalten lässt. Denn wir wollten und wollen einfach in unserer Herzenskraft hier tätig sein.

Wenn wir uns in der Liebe vereinen, dann ist es unsere Liebe, unser Miteinander, das unser stabiles Sein garantiert. Wir sind uns dessen nicht bewusst, aber es ist gerade diese Stabilität, die jedem von uns hilft, sich hier in unserem Lebensalltag immer wieder aufs Neue für sich einzusetzen, immer wieder aufs Neue in die Kraft zu gehen, um doch hier seine oder ihre Aufgabe erfüllen zu können. Daher ist es so wichtig, dass wir uns selbst verstehen und begreifen, was Liebe wirklich ist.

Liebe ist dieses wunderbar geborgene Gefühl, die Durchhaltekraft, diese stabile Kraft, dieses »sich eingewoben Fühlen«. Liebe ist eine vollkommene, selbstlose Kraft, die all das anspricht, was Herz hat und das innere Begehren, Liebe und Licht zu wollen.

Es gibt Steine, die das Licht wollen, es gibt Kleinstlebewesen, die das Licht wollen und die Liebe auch ausdrücken können, und es gibt die Gräser, die Blumen, die Bäume, die Büsche, die Berge, die Tiere, die Seen. Sie alle möchten auch die Liebe leben und ausdrücken, denn sie alle sind beseelt, und sie alle sind von dieser sich ausdrückenden Kraft belebt, nämlich der Liebeskraft. Und sie sind hier des Lichtes wegen, das sie leben und ausdrücken wollen. Nicht wegen der Dunkelheit sind sie gekommen, sondern um ein schönes lichtvolles Reich zu erbauen, um Licht und Liebe und ein vollkommenes Sein zu erschaffen für alle Wesen, die hier zugegen sind und das Reich der reinen Kraft der All-Liebe mit verkörpern möchten.

Trotz all des Missbrauchs, der hier mit diesen Wesen betrieben wird, sind diese, ungeachtet ihrer obszönen Existenz hier in diesem Reich, dennoch immer in ihrer ureigenen Seinskraft geblieben. Sie lassen sich nicht aus dem Rhythmus ihres Seinsaspekts bringen, sondern sie vergewissern sich immer wieder und orientieren sich an dem Licht und an der Liebe, um ihre Seinskraft mit einzubringen und dazu beizutragen, dass die Erde ein lichtvoller Planet ist, ein Planet, der in die Liebe gehört, der die Liebe ausdrückt und die Schönheiten des gesamten universellen Seins auszudrücken vermag.

Jeder, der in das vertraut, was wir sind, ist mit all denen im Bunde, die genau dieses Prinzip hier in diesem Sein verkörpern, um das Neue Sein zu erschaffen und um das, was nicht zum Lichte gehört, in ein anderes Sein hinein zu katapultieren oder hinauszuwerfen. Dann kann die Erde, die in dieser neuen Schaffenskraft tätig ist, sich ausdrücken und manifestieren, und zwar so, wie es ihr gebührt.

Entscheidend und wichtig ist die Selbstbeobachtung

Wir können unsere Seinskraft nur dann in den Vordergrund schieben, wenn wir uns angeschlossen fühlen, in uns selbst ruhen, und uns fortwährend in die Einheit eingebunden fühlen. Wir wussten, als wir hier in dieses Sein eingestiegen sind, dass wir viele unserer Eigenschaften anfangs würden hergeben müssen, weil die Materie so dicht ist und so unterentwickelt gegenüber den Ebenen, aus denen wir kommen.

Wir haben Ja dazu gesagt, weil wir auch wussten, dass wir aus dieser einengenden Haft wieder herauskommen würden, ganz einfach, indem wir hier in der Dichte ein Bewusstsein unserer selbst entwickeln, ein Bewusstsein unserer uns tragenden Kraft und unseres All-Einen Gesamtausdrucks, der wiederum in die Einheit eingebettet ist.

Wenn wir in unserem Alltagsleben verschiedene Verhaltensweisen entdecken, fragen wir uns oft, ob wir sie ablegen können oder ob uns noch mehr bewusst werden muss?

Beides wird geschehen, aber die Auflösung kommt ganz automatisch, indem man sich erlaubt, sich anzuschauen, sich selbst zuzusehen, und sich einfach sagt: »Alles, was ich von mir erkenne und was nicht dem entspricht, was ich in meiner Ganzheit bin, das werde ich auflösen können. Ich werde es verändern können, aber nur, wenn ich es in mir reifen lasse.« Dann kann sich dieses Bewusstsein nach außen auswirken und die Veränderung herbeiführen. Die verändernde Kraft meines Selbstes ist automatisch in Aktion, wenn ich wirklich in der Ganzheit meines einfühlenden Selbstes bin, das an das All-Wissen der All-Einheit angebunden ist.

Wir selbst sind uns am nächsten. Jeder von uns ist es, der in der Einheit wirkt. Wer das vollkommene Bewusstsein in sich trägt, kann die All-Heilende Kraft der Einheit des universellen Seins in sich spüren und fortwährend in den Vordergrund des alltäglichen Seins heben, um im alltäglichen Sein in der Vollkommenheit seines Selbstes zu reagieren. Er oder sie kann sich genau so leben, wie er ist, genau mit der Eigenschaft, die seine oder ihre sich ausdrückende Kraft ist, die fortwährend für das Ganze arbeitet. Dies geschieht immer in Anbetracht dessen, dass all die Wesen, die für das Licht arbeiten und die Liebe lieben und das All-Eine Prinzip ausdrücken, in diese heilende Wirkung des All-Einen Bewusstseins mit eingebunden sind.

Das Vertrauen in das, was du bist, ist deine Chance, dein Leben zu leben, in Harmonie und Syntonie und vor allen Dingen und in erster Linie mit dir selbst, und damit ist gewährleistet, dass du es auch mit den anderen leben kannst.

Die Dunkelheit muss mehr und mehr verschwinden

Die Liebe ist ein wesentlicher Bestandteil unseres Selbstausdrucks, denn die Liebe hat dieses Universum geformt. In diesem Universum, in dem wir leben und tätig sind, tut all das, was wir tun, was wir denken, was wir glauben manifestieren zu müssen, dem ganzen Universum gut oder auch nicht, also es ist fördernd oder schädigend. Wir müssen immer das Ganze sehen, nicht nur diesen kleinen Teil, den wir hier in diesem materiellen Sein darstellen.

Alles, was in diesem Universum hier erschaffen worden ist, wurde aus Liebe erschaffen, und all diese Dinge, die derzeit hier im materiellen Sein herrschen, sind von negativer Hand verformt worden. Das ist gleichbedeutend damit, dass diejenigen, die hier dieses Dunkle aufbereitet haben, keinen Bestandteil unseres universellen Seins bilden, sie gehören nicht dazu, und sie gehören nicht zu uns. Sondern es ist eine andere Wesensart, die hier Zerstörung betreibt. Das Dunkle hat sich hier manifestiert, und wir sind hier in dieses Sein eingetaucht, um hier das Licht zu manifestieren, das jetzt die Dunkelheit vertreiben und die Reinheit der geistigen Kraft herbringen und manifestieren soll.

Alle Dinge, die jetzt hier in diesem dunklen Sein geschehen, sind auf der Basis derer manifestiert worden, die das Licht nicht lieben und vor allen Dingen keine Herzensqualität und Güte haben. Wir sind hier in diesem Sein, um dieses dunkle Sein umzugestalten, damit die Dunkelheit hier aus dem Zellgewebe dieses materiellen Seins entfernt werden kann. Dafür ist es wichtig, dass wir uns erlauben, das zu leben, was wir wahrhaft sind.

Die Seinsformen, die aus dieser dunklen Kraft entstanden sind und jetzt hier Fuß gefasst haben, müssen verwandelt werden und diesen Erdenraum verlassen, denn wo die Finsternis herrscht, kann sich kein Licht ausbreiten. Das Licht kann sich nur so weit ausbreiten, wie sich die Dunkelheit verschiebt oder verflüchtigt, das ist wichtig zu wissen. Je mehr Wesenheiten die Liebe und das Licht leben, je mehr Wesenheiten davon informiert werden, was Licht und Liebe ist, um so mehr weitet sich der Raum, um so mehr wird es geschehen können, dass die Menschheit wieder von Licht und Liebe erfasst wird und die Dunkelheit dieses Sein hier sichtbar verlassen muss.

Vertraue in das, was du bist, und vertraue vor allem auf deine Herzensqualität, die dich lenkt und leitet. Denn dein Herz ist immer mit der Einheit verbunden, es ist an deine höchste Seinskraft gekoppelt und bringt immer nur die Information, die du benötigst, um eine reine Seinsform hier leben und ausdrücken zu können.

Dieses Sein jetzt, das vom Dunkel gefärbt ist, wird sich verflüchtigen und hier verschwinden müssen, je mehr wir unsere Seinskraft leben und je mehr wir in der Aufrichtigkeit unserer geistigen Form hier wirken und handeln.

Niemand sollte denken, dass man Gedanken nicht sieht, man sieht sie. Sie manifestieren sich, und deswegen ist es wichtig, an sich zu arbeiten, damit die eigene Seinsform das ausdrückt, was jemand wirklich ist, nämlich Liebe und Licht. Wir können in die uns innewohnende Kraft vertrauen.

Die Illusion von »Minderwertigkeit« im Lebensalltag

Wer in seine Kraft kommt, ist ein Schöpfer des Neuen Seinsbeginns. Es ist dann nur noch eine Frage der Zeit, bis so jemand den vollkommenen Aspekt des eigenen Selbstes ausdrücken wird. Dazu gehört das Durchschauen der eigenen Gewohnheitsmuster, die vollgepackt sind mit den vernichtenden Methoden, mit denen man die Menschheit überschüttet. Wenn wir uns immer wieder ins Bewusstsein rufen, wer wir sind, können wir diese Muster aus unserem Bewusstsein entfernen, denn das reine Bewusstsein ist in uns und lenkt und leitet uns.

Wer sich hier in diesem Sein dessen bewusst ist, dass er oder sie ein Teil des Ganzen ist, kann immer nur für die All-Einheit wirken. Er ist nicht mehr in der Getrenntheit seines irdischen Seins hier tätig, sondern immer in der Gesamtheit des All-Einen Seins. Diese Kraft fließt ihm oder ihr über die Herzenskraft zu, und all das, was nötig ist, um sich hier zu manifestieren und um seine Aufgabe zu erfüllen, liegt in der Information durch das eigene Herz.

Im Lebensalltag gibt es immer wieder Situationen, die uns in Gefühle der Minderwertigkeit drängen, oder der Abgeschnittenheit, Isolierung, und manchmal fühlen wir uns sehr stark nur in unserer Körperlichkeit. Dann fühlen wir uns klein, nur unwesentlich beteiligt an der All-Einen-Kraft – und in uns entsteht immer ein großes Verlangen, uns in der Vollkommenheit und der uns zustehenden Kraft zu fühlen, in der Vollkommenheit des eigenen Selbstes, in der Vollkommenheit unserer absoluten Liebeskraft und unseres Lichtes.

Wer in dieser Kraft ist, kann sich nicht gleichzeitig klein, unwesentlich und unvollkommen fühlen. Es geht nicht beides zusammen: Wer sich separat und abgeschieden, isoliert von seinem wahren Seinsaspekt fühlt, braucht sich nur immer bewusst in seine Kraft hinein zu bewegen. Sofort fühlt man sich wieder zu Hause in seiner eigenen Kraft, in der All-Einheit und eingebunden, niemals isoliert und niemals klein und unwesentlich – sondern immer in der Vollkommenheit. So kann jede Wesenheit wieder die richtigen Schritte und die richtigen Gedanken und die richtigen Entscheidungen wählen, die mit ihr und ihrem Seinsausdruck zusammenhängen.

Wir können in das vertrauen, was wir sind. Die Wesenheit eines Jeden ist kraftvoll, sie ist ein Ausdruck des All-Einen Seins und immer individuell und ausdrucksstark. Nur wenn man sich hier in der Materie klein fühlt, wird es anders sein. Wer etwas wissen will oder etwas benötigt, das jetzt die eigene Daseinskraft, den Daseinsdruck verändern soll, der muss immer wieder in das zurückgehen, was er oder sie wirklich ist, nämlich in das kraftvolle Selbst unserer eigenen Wesenheit. Sie hilft uns, so dass jeder von uns sich hier in diesem Sein auszudrücken vermag, wie es seinem oder ihrem Seinsausdruck entspricht. Und das gilt für all unser Handeln im Lebensalltag, egal an welchem Platz jemand steht, welche Arbeit er in diesem Augenblick tut: Immer und nur dann, wenn du dich in der Einheit fühlst, angebunden an den Selbstausdruck deiner Göttlichkeit, wirst du all die Informationen erhalten, die du hier brauchst, damit dein Seinsausdruck immer das wahre, reine und vollkommene Prinzip der All-Einheit ausdrückt. Vertraue also in das, was du bist und nutze diese deine Kraft immer und fortwährend, egal wo du bist, was du denkst und tust.

Der persönliche Ausdruck eines jeden ist von höchster Wichtigkeit

Wir sind zu dieser Zeit hier in dieses Sein eingetreten, weil wir wussten, dass jetzt große Veränderungen hier stattfinden sollen, und wir wollten dabei sein.

Jetzt sind wir hier schon viele Jahre zugegen und haben uns immer noch nicht an diese Erdatmosphäre gewöhnt, an diese Energie, die es hier in dieser Zeit gibt. Im Grunde unseres Seins wollen wir nur den Frieden, die Freude und die Herrlichkeit des Selbstes leben. Hier fühlen wir uns darin behindert und merken, dass wir mit unserem Selbstausdruck nicht nach vorne gekommen sind. Wir spüren die Last dieser Zeit auf unseren Schultern und im Gemüt, ohne zu wissen, wie das zu ändern wäre.

Im Grunde unseres Herzens wollen wir hier Freude und Vollkommenheit leben, freudvolles Miteinander. Jetzt versuchen viele Menschen, irgendwie eine Veränderung in ihrem Sein herbeizuführen. Sie glauben, ihr Ziel nur durch eine materielle Veränderung hier in diesem Sein erreichen zu können. Aber alle Veränderungen kommen von innen heraus, aus dem Herzen, aus der Herzenskraft.

Niemand kann etwas im Außen verändern, weder das eigene Sein noch das Umfeld, ohne in seine oder ihre Herzenskraft eingebettet zu sein. Dazu braucht man sich selbst in seiner Ganzheit, seiner Vollkommenheit und seinem vollkommenen Ausdruck, der hier manifest werden muss, indem man sich erlaubt, zu sein.

Unser Gesamtausdruck ist hier gefragt; nicht nur unser körperlicher Ausdruck und die Marotten, die wir im irdischen Sein übernommen haben, sondern das, was wir über unsere Herzenskraft hier einbringen, die an das All-Eine Sein angeschlossen ist und unsere ureigene innere Wahrheit hier im Außen widerspiegelt. Das, was jeder von uns wirklich ist, soll sich zeigen, nämlich eine Wesenheit, die in Liebe hier in dieses Sein eingetaucht ist, um hier in diesem Sein die persönliche Weisheit, Erfahrung und Reinheit der geistigen Form von Wissen und Lehren zu manifestieren und somit die Gesundung allen Seins voranzubringen.

Verstehe, was du bist, und wisse, dass deine Seinskraft die verbindende Kraft für die Neuerstellung eines schwingenden, erhöhten Seins ist.

Kapitel 3
Die reine Daseinsfreude spiegelt den wahren Selbstausdruck

Wir sind im Hier und Jetzt eingetaucht, um uns hier zu präsentieren und in unserer Seinskraft so zu manifestieren, dass sich das Ganze unseres Seinsaspekts hier ausdrücken kann.

Jetzt erlauben wir uns, zu sein; jedenfalls glauben wir das. Aber inwieweit erlauben wir es uns wirklich? Sich selbst in seiner Größe zu sehen, schafft in vielen Situationen immer noch Unbehagen. Warum? – Weil wir uns immer noch mit unserer Nur-Körperlichkeit identifizieren.

Aber unsere Seinskraft ist unser Arm, unsere Seinskraft ist gekoppelt an das All-Eine Sein, an die Energie des All-Einen, die fortwährend in der Lage ist, uns zu kräftigen, uns immer zu nähren, uns die Kraft zu geben in unserem alltäglichen Sein und es uns vor allem erlaubt, gesund und munter unser Werk hier zu vollenden.

Alles ist Liebe, alles ist Licht, und jeder von uns ist beides. Die Liebe ist kraftvolles, erhabenes Sein, das sich durch uns ausdrückt; das Licht ist die reine Information, die aus der Reinen Geistigkeit zu uns kommt und sich durch uns hier in dieser Seinsebene manifestieren kann.

Wenn wir jeden Tag aufs Neue die Herausforderung unseres Selbstes annehmen und unseren Aspekt in der Erhabenheit der Gesamtheit fortwährend leben würden, dann könnten wir in unserem Umfeld nur Liebe und Licht manifestieren, und die Weisheit unseres Selbstes würde unser Sein bestimmen.

Das heißt wiederum: Wenn durch einen Menschen die Reine Geistige Kraft hier in dieses Sein fließen kann, bedeutet das, dass die Informationen vom Reinen Geist geprägt sind und der Welt Heilung und Regeneration bringen. So kann und wird unser Umfeld gesunden durch die durch uns fließende Information, durch unsere uns wirklich sichtbar gemachte Kraft, die ein vollkommenes Sein darstellt.

Jetzt geht es darum, sich in seinem Lebensalltag dieses Kraftfeld immer mehr einzurichten, um in der Bewusstheit des eigenen Selbstes hier präsent zu sein, egal wo und wie wir tätig sind. Aber immer wieder soll sich das ganze erhabene Sein unseres Selbstes in unserem irdischen Sein widerspiegeln, damit alle Wesenheiten in unserem Umfeld von dieser Energie genährt werden können, damit auch sie gesunden und vor allem eine bessere Ausdrucksstärke ihres Selbstes erhalten.

Wer hier auf dieser Ebene in jedem Augenblick vertrauensvoll in seiner Seinskraft ist, hat immer die Weisheit im gedanklichen und verbalen Ausdruck, ist immer in der

Klarheit der Reinen Kraft, der All-Einen Kraft des All-Einen sichtbar und manifestiert sich hier in der irdischen Energie, so dass die Menschen in diesem Zeitengewebe eine neue Seinskraft und ein neues Seinsgefühl aufbauen können. Dies dürfen wir uns in dem vertrauensvollen Wissen erlauben, dass es nur geschehen kann, wenn wir uns unserer Ausdrucksstärke, die ein göttliches Selbst besitzt, immer bewusst sind. Dann kann sich unser vollkommenes Selbst hier in der Materie so manifestieren, wie es gebraucht wird.

Spüre deine Liebe für dich

Dass wir Liebe und Licht sind, ist immer noch nicht vollkommen in uns integriert worden. Wir sind nur halb in unserer Seinskraft tätig. Wenn wir uns in unserer vollkommenen Präsenz sehen und uns Tag für Tag in unsere Feinstofflichkeit hineinbegeben würden, dann könnten wir ganz von unserer höheren Seinskraft aus hier unser Werk tun. Die Liebe eines Jeden ist wichtig, jeder muss sie für sich selbst empfinden. Erst dann kann man sie auch all den Wesen geben, die uns in unserer Seinskraft benötigen.

Die vollkommene Kraft der eigenen Liebe kommt erst dann zum Ausdruck, wenn man sich vollkommen spürt. Sich selbst spüren, ist inzwischen auch ein Fremdwort für die meisten geworden, weil sämtliche Sinne nach außen geleitet worden sind, auf Nebensächlichkeiten, die weit von uns entfernt sind. Die Hauptaufgabe unseres irdischen Lebens liegt darin, dass wir uns in unserer kompletten Seinskraft ausleben. Jeder von uns kommt aus der vollkommenen Liebe hierher in dieses Sein. Das bedeutet, dass jeder von uns wirklich Liebe ist. Man hat uns in diesem materiellen Sein von uns selbst entfremdet es ist so wichtig, dass wir das begreifen.

Jede Wesenheit will sich selbst leben, sich selbst ausdrücken. Nur das kleine Selbst in der Körperlichkeit hat man verbiegen können, und das Wichtige daran ist, dass die Feinstofflichkeit trotzdem im vollkommenen Kontakt mit der All-Einheit ist. Sie ist mit dem All-Einen Sein und mit all den Wesenheiten verbunden, die hier zugegen sind, für das Licht und die Liebe arbeiten und das ausdrücken, was zu ihnen gehört. Alle Wesenheiten werden von der Liebe berührt, die aus der vollkommenen Seinskraft fließt. Alle Liebesschwingungen, die aus dieser Fließkraft heraus kommen, berühren die Herzen derer, die sich für das Licht und die Wahrheit öffnen. Jeder individuelle Schwingungsbogen wird gebraucht und von den Mitmenschen gesucht, die nur durch die Berührung mit diesem Schwingungsbogen in ihre eigene Seinskraft kommen können.

Darum ist es so wichtig, dass jeder sich hier auf Erden in der Vollkommenheit seines Selbstes ausdrückt. Dazu gehören Selbsterkenntnis und Überblick, denn nur wenn die All-Einheit integriert und präsent ist, kann das Vollkommene auch hier auf Erden integriert werden.

Vollkommene Liebe heilt, Licht wirkt in der Einheit und bringt Informationen. Wir wissen das, weil unsere eigene Seinskraft damit angefüllt und angereichert ist. Dieses Wissen ist der Katalysator für eine neue Seinskraft hier in diesem materiellen Sein. Die Liebe des All-Einen, der unser Universum schuf, ist groß und stark, und diese Kraft ist in uns, weil wir ein Teil Seines Selbstausdrucks sind, ein Teil des Ganzen, der hier in diese Realität eingetaucht ist, um die Reinheit, die aus dieser reinen Seinskraft kommt, hier zu manifestieren. Das höhere Selbst will sich hier leben und ausdrücken können, und wir müssen lernen, es in unserem Lebensalltag auch zu tun.

Wir wissen das, aber es mangelt uns immer noch an Vertrauen, um es wirklich leben und ausdrücken zu können. Der Wunsch ist da, die Überzeugung fehlt noch, und jetzt müssen wir lernen, dass diese wahre Kraft in uns sich auch im Außen manifestieren möchte, und zwar immer nur durch das Herz. Diese Herzensfreuden in uns werden sich dann auch im Lebensalltag zeigen. Erst einmal erschaffen sie in uns die Lebensfreude, die Erleichterung, den Frieden und ein kraftvolles Sein, und dann werden diese Energien auch zu den anderen Menschen gebracht, die genau diese Informationen benötigen. Jeder von uns ist dann wie ein Leitfaden, der andere dazu bringen kann, sich selbst zu erkennen, sich selbst wahrzunehmen und sich selbst darzustellen.

Das Vollkommene ist in uns, und man kann es nur in sich selbst suchen und finden, nie außerhalb von sich selbst, und das ist das Problem. Wir versuchen das Vollkommene im Außen zu finden, und das ist nicht möglich. All das, was wir hier leben wollen, was wir hier ausdrücken und manifestieren wollen, ist bereits in uns selbst verankert. Nur in uns erfahren wir, wer wir sind. Nur das, was bereits in uns ist, kann hier belebt und in das Tagesbewusstsein befördert werden, und nichts anderes ist möglich. Es kann sich nur das beleben, was wirklich in uns ist, denn das ist der Ausdruck unseres Selbstes, der sich hier zeigt und manifestieren möchte.

Alle Kraft, die jeder von uns braucht, um sein Werk zu erfüllen, ist in ihm selbst vorhanden und belebt sich fortwährend neu in dem Bewusstsein, dass unser Sein angedockt ist an die All-Einheit. Wir haben alle Kraft, die wir benötigen, um uns zu manifestieren. Sie steht uns uneingeschränkt zur Verfügung.
Auch alles erforderliche Wissen steht uneingeschränkt zur Verfügung, denn es kann aus der Einheit hier in dieses Sein befördert werden.

Die Vollkommenheit will sich durch uns hier manifestieren, und wir sind hier, um Vollkommenheit und vollkommenes Sein neu zu ordnen und hier einzubringen, damit die reine Kraft der All-Einheit hier sichtbar wird. Die Reinheit des All-Einen Seins kann sich immer und überall dort ansiedeln und ausdrücken, wo der Wunsch existiert, der Wahrheit und der All-Einheit zu dienen oder das zu leben und zu beleben, was aus der Wahrheit oder der All-Einheit kommt.

Jeder von uns ist Liebe und Licht und ein großes Wesen. Unsere Größe geht weit über unsere Körperlichkeit hinaus. Nur wer sie bewusst lebt und bewusst in seiner Herzenskraft ist, dessen Sein wird harmonischer, wertvoller, harmonisierender und gesundheitsfördernder werden. Alles, was wir sind, ist bereits in unserem Selbstausdruck und dem Wunsche, der uns hier in dieses Sein befördert hat, vorhanden. Das Vertrauen in die eigene Kraft ermöglicht den vollständigen Seinsausdruck in der Reinheit des Geistigen.

Über Bild und Wort werden wir manipuliert

Wir werden über das Wort manipuliert und auch über die Art und Weise, wie wir die Worte einsetzen. Deshalb ist es wichtig, sich nicht vom Wort beeinflussen zu lassen, sondern das wahrzunehmen, was dahinter steht – nämlich die Bilder.

Die Worte gehören zur Vermittlung der Bilder, und wir müssen lernen, unseren inneren Bildern zu trauen. Das gibt uns Kraft und Sicherheit und hilft uns, das Wissen zu erhalten, das nötig ist, um hier in der Gemeinschaft leben zu können und um die Wahrheit unseres geistigen Selbstes auszudrücken.

Wenn wir zusammen und ineinander verwoben sind, gehen diejenigen, die mit uns in direktem Kontakt sind, mit unserem Selbstausdruck in Resonanz. Selbstausdruck bedeutet nicht nur das Verbale, sondern auch das geistige Erbe oder das, was wir denken oder zu denken glauben.

Die Erde ist verseucht mit dunklen, unsittlichen Praktiken, Denkarten und Ausdrücken, und wir brauchen, um der Wahrheit auf die Sprünge zu helfen, das Geistige aus dem Reinen Geistigen Sein. Auf der inneren Ebene ist die Wahrheit trotz allem sichtbar. Wenn man mit sich selbst in Kontakt ist, nimmt man über seine innere Schau wahr, was man vermittelt bekommt. Wer keinen Kontakt mit sich selbst hat, nimmt die inneren Bilder nicht wahr, lauscht nur den Worten und ist durch die Wortwahl gebunden.

Wer mit sich selbst in Kontakt ist, hat immer diese Resonanz zum Selbstausdruck eines anderen. Wer nicht, ist an der Oberfläche und fällt all denen anheim, die hier auf Erden die Sprache benutzen, um uns zu belügen und so zu manipulieren. Es ist daher unerlässlich, dass wir lernen, unserer inneren Schau zu folgen, wenn jemand mit uns spricht.

Wenn wir in unserem eigenen Selbstausdruck sind, nehmen wir auch das Umfeld wahr, nehmen andere wahr und erlauben uns, die wahre Kraft zu nutzen, die in uns ist und die zu uns gehört. Diejenigen, die hier auf Erden herrschen, haben uns so stark manipuliert, abgelenkt und »Gehirn-gezüchtigt«, dass wir nur noch dem Wortlaut lauschen und nicht darauf achten, was unsere inneren Bilder vermitteln.

Jeder wird also von sich selbst, seiner Erkenntnis und seinem Selbstausdruck ferngehalten, weil er sich nicht erlaubt, den erhaltenen Bildern zu folgen. Wir sind so entfernt von uns, dass wir den Worten lauschen und nicht einmal bemerken, dass wir innerlich andere, nicht zu den Worten passende Bilder sehen. Oft entstehen auch gar keine Bilder, weil das Gesagte keine Substanz hat oder ganz einfach gelogen ist.

Mit dem Wort wird die Menschheit manipuliert. Das ist wichtig zu wissen. Wer jetzt versucht, sich in eine neue Seinskraft hinein zu bewegen, verfeinert seine Wahrnehmung, so dass er oder sie mit Hilfe der inneren Bilder überprüfen kann, was gesagt wird. Als Gegenpol können wir sofort das einsetzen, was wir sind. Damit wir in unserer Seinskraft bleiben können, brauchen wir die wahren Bilder und nicht die Bilder, die uns energetisch schwächen und umerziehen sollen.

Die Worte wurden eingeführt, um uns von unseren inneren Bildern abzulenken. Man legt es darauf an, dass nur die Worte gelten, über deren Benutzung unsere Sinne manipuliert werden sollen. Deswegen ist es so wichtig, dass die Menschheit aufwacht und jeder Einzelne wieder der wahren Informationskraft seines eigenen Selbstes zugeführt wird.

Wir müssen aus diesem Schlafzustand, in den uns die Worte eingelullt haben, aufwachen und wieder in unsere Seinskraft kommen, zu unseren wahren Bildern, so dass wir Wahrheit und Lüge des gesprochenen Wortes wieder unterscheiden können.

Der Moment des Erwachens ist gekommen. Unsere wahren Werkzeuge sollen wieder an die Oberfläche kommen, um der Wahrheit des Reinen Geistes zu dienen und ihr wieder den Platz zuzuordnen, den sie vor vielen, vielen Zeiten hier in diesem Sein inne hatte. Nun ist es so weit, dass die Seinskraft, die aus dem Reinen Geiste fließt, wiedergeboren wird. Diese Seinskraft schließt die Wahrheit und das Reine Seinsbild ein und stellt es dar, so dass wieder unser Selbstausdruck, der immer die Vollkommenheit ausdrücken möchte, wahr wird und gewährleistet ist.

Das Zusammenwirken mit der Einheit erschafft Vollkommenes

Die Schönheit deines Seins ist dir nicht geläufig, aber die Seinskraft deines feinstofflichen Wesens ist unermesslich stark. Jeder von uns ist eine wunderbare Wesenheit, ein Selbstausdruck des All-Einen Seins; unser Selbstausdruck auf der feinstofflichen Seite ist großartig. Nur hier in der Körperlichkeit ist man nicht davon überzeugt.

Jede Wesenheit ist Teil des Selbstausdrucks von einer Einheit, und diese Einheit kann ein Ganzes hervorbringen, das heil und vollkommen ist und hier in diesem Sein die All-Einheit die Quelle allen Seins widerspiegelt. Jeder von uns muss sich selbst die Erlaubnis geben, sich leben zu wollen, sich so ausdrücken zu wollen, wie er oder sie in seiner Feinstofflichkeit ist. Wer davon überzeugt ist, dass dies möglich ist, dem wird es ein Leichtes sein, seinen Lebensalltag zu transformieren und sich bei dieser Transformation so einzubringen, dass die Einheit des gesamten Seins sich dort widerspiegelt.

Wer in seinem Lebensalltag in seiner üblichen Art ans Werk geht, aber in dem Bewusstsein, ein Teil der Einheit zu sein, die das ALL-EINE des Ganzen repräsentiert, erhält sofort eine Kraft von unerhörter Stärke.

Diese Kraft steht uns sonst nicht zur Verfügung, und dadurch, dass wir dann sehr viel Stärke in uns zum Fließen bringen, verfeinern sich auch alle körperlichen Arbeiten und der körperliche Ausdruck. Dies bedeutet: Alles wird leichter, einfacher, überschaubarer, und vor allem ist man nicht emotional involviert, weil man aus dem Aspekt der übergeordneten Kraft heraus seinen Tag lebt, ihn ordnet und sich so auch im Außen präsentiert. Man ist dann weniger erreichbar, weniger verletzbar und weniger zugänglich für die dunklen Kräfte. Gleichzeitig erhalten diejenigen, die unsere Herzensenergie und Herzensqualität benötigen, mehr Aufmerksamkeit, denn das ist es ja, was uns mit den anderen verbindet. Über diese Struktur können wir viel besser reagieren, viel mehr Einheit erschaffen, viel mehr Liebe ausdrücken und die Wärme des essentiellen Seins jenen geben, die sie benötigen. Wem bewusst ist, was er oder sie ist, kann diese Kraft einsetzen.

Bist du dir schon auf die Schliche gekommen, dass du dir und deiner Größe immer ausweichst und deinem Selbstausdruck nicht den nötigen Raum gibst? Nur wenn wir hier klar sehen, ist es möglich, die Dinge so zu gestalten, wie es ursprünglich gewollt war. Du kannst die Einheit hinzufügen und bist dann in der gesamten Kraft deiner Größe, deiner Güte und der Qualität des All-Einen tätig. Dies können wir nur, wenn wir uns der Einheit bewusst sind. In diesem Bewusstsein können wir die Qualität unseres Seins anderen gegenüber zum Ausdruck bringen, die das, was wir ihnen anbieten, dann auch nutzen und benutzen können. Vertraue also in das, was du bist! Stell dir deinen Selbstwert immer wieder vor, indem du dir die erhabene Größe deines Selbstes immer wieder präsent machst und dich in deinem

Lebensalltag entsprechend ausdrückst. Jeder von uns kann die erhabene Kraft des eigenen Selbstes so nutzen, dass all diejenigen, die uns begegnen, davon profitieren können und sich diese erhabene Kraft unseres Selbstes ebenfalls sichtbar aneignen, damit sie selbst zu dem werden, was sie sich auf der feinstofflichen Ebene vorgenommen haben.

Eine liebende Kraft, eine ausdrucksstarke Kraft ist in jedem, und jeder ist das Selbst seines Selbstes hier in Aktion, wenn er es sich erlaubt, seine Größe hier nutzen zu dürfen, zu können und zu wollen. Dann kann das, was jeder ist, hier auch Fuß fassen, in den Bogen der Selbstverständlichkeit in den Lebensalltag hineinrutschen und sich so ausdrücken, wie es der Reinen Quelle allen Seins entspricht.

Die Verbesserung der Lebenskraft manifestiert sich

Die Liebe zu sich selbst ermöglicht es, ein Leben in der Kraft und im vollen Lebensausdruck zu leben. In der Liebe zu sich selbst hat man den Kontakt mit sich hergestellt. In der Angst oder Minderwertigkeit ist dieser Kontakt unterbrochen. Darauf basieren die Manipulationen. Die Kraft eines jeden wird geschwächt, indem man ihm nicht erlaubt, sich selbst zu mögen, sich selbst zu lieben. Liebe und Freude sind selbsterhaltende Kräfte, die alles in uns regenerieren können. Das Potenzial unseres Selbstes ist mit Liebe und Freude angefüllt und kann uns immer und überall erreichen, aber nur, indem wir uns erlauben, das höhere Sein des Selbstes zu leben.

Du bist ein Seinsausdruck des All-Einen Seins und im Hier und Jetzt gefangen, in der Dunkelheit derer, die hier tätig sind und die Dunkelheit um dich herum ausschütten, damit du nicht darüber hinwegschauen kannst. Es sind Berge von Schwierigkeiten vor dir angehäuft worden, nur damit du nicht in deine selbsterhaltende Kraft kommst und dich selbst nicht sehen und wahrnehmen kannst.

Das Selbst ist Liebe, eine Liebeskraft, die sich aus der All-Einheit nährt und aus der All-Einen Quelle fließt. Der Zugriff zu dieser Quelle verläuft über die eigene Göttlichkeit, dem Selbst unseres Selbstes, unser ganzes Wesen. Darum hält man uns klein, abgeschnitten, indem man uns so manipuliert, dass wir nicht einmal merken, dass wir manipuliert denken und handeln. Unsere Art zu denken, unsere Art, hier zu leben und das Leben zu gestalten, ist von den hier Herrschenden gefärbt, denn sie haben hier die Richtlinien vorgegeben. Wir sollen uns minderwertig fühlen, damit das, was sie mit uns vorhaben, immer noch weiter gesteigert werden kann: Wir sollen zum Nutzvieh gemacht werden, zum Gebrauchsgegenstand, einfach zu einem Gebrauchsgut.

Darum verstärken die hier Herrschenden die Behinderungen so sehr, um zu verhindern, dass das Erwachen der Menschheit den Raum füllt. Das ist wichtig für sie, denn die Erhöhung der Erde und der Menschheit, die jetzt ansteht, beschneidet sie in ihrer Kraft. Sie verlieren die Kontrolle über die Menschheit, und indem sie so schwere Geschütze auffahren, die lebensvernichtend sind, versuchen sie sich ihre Nahrungsquelle zu erhalten. Wir sollen uns klein fühlen, damit die dunklen Kräfte hier weiter herrschen können.

Aber unsere wahre Kraft liegt im Herzen verankert, und über das höhere Selbst und die Göttlichkeit ist es jederzeit möglich, an die Kraftquelle anzudocken. Jeder von uns hat das Potenzial eines großen Schöpfergeistes in sich, und das verantwortungsbewusste Selbst eines jeden will dieses Potenzial auch hier in diesem Sein manifestieren. Das höhere Selbst kann dann aktiv hier wirken, um das auszudrücken, was der Reinheit des Geistes entspricht.

Unsere individuelle Kraft ist enorm

Unser Selbstausdruck ist stark, aber das, was wir in diesem Sein leben, ist mickrig. Wir leben das Leben von Ameisen anstatt von Elefanten. Unsere Ausdruckskraft ist groß-art-ig. Und in diesem Wort steckt groß, aber auch Art, das bedeutet auch Kunst. Groß-art-ig drückt also die gesamte Schöpferkraft aus, derer du mächtig bist. Das Höhere des Selbstes regeneriert sich immer an der Quelle, und unser Körper ist die dichteste Form hier in diesem Sein. Wir haben ihn für uns akzeptiert, weil wir uns hier auf Erden nur in einer begrenzten Form erleben und glauben, unser Sein hier nur mit begrenzter Ausdruckskraft fristen zu können. Die uns erhaltende Kraft des All-Einen Seins kommt jedoch aus der All-Einheit, aus der Quelle allen Seins und ist nicht mit Dunkelheit oder der Schwere des körperlichen Seins gefüllt worden, sondern wurde aus der Freude und aus der Herzenskraft geboren.

Das Leben ist Freude und nicht Mühsal – dass wir konträr zu unserem wahren Sein leben, beruht auf Manipulation. Im Alltag denken wir Manipuliertes, das nicht unserer wahren Seinskraft entspricht. Die Gefühle von Begrenzung, Trübsal, Schwere, Unvermögen, es nicht zu schaffen, es nicht zu können, gehen auf Manipulation zurück, die uns beugt und uns die Lebenskraft raubt.

Lebe hier in diesem Sein das, was du in Wahrheit bist

Deine wahre Seinskraft ist groß und stark, du bist auf der feinstofflichen Seite kein hilfloses Bündel, sondern eine große starke Wesenheit, die voll Liebe und Licht ist, die sich hier lebt, und zwar so, wie sie ist. Uns in unserem Lebensalltag so zu bewegen, wie wir es tatsächlich im Grunde unseres Herzens möchten, ist bei uns jedoch noch nicht bis ins äußere Bewusstsein vorgedrungen.

Wir sind angepasst worden und bewegen uns in den Verhaltensmustern, die hier in diesem Sein die Regel sind. Aber ein Neues Sein basiert nicht auf den alten Regeln, nicht auf den manipulierten Menschen und Wesen, nicht auf alten Weisheiten und schon gar nicht auf Religionen.

Das, was hier ein Neues Sein erschafft, bist du

Ein Neues Sein braucht neue Informationen, eine Neuausrichtung, und die kann es nur geben, wenn du über dein

Herz an die Quelle allen Seins angeschlossen bist, um sie hier in dieses Sein einfließen zu lassen. Es kann nur Neues geben, wenn man sich selbst lebt und ausdrückt. Dafür muss jeder Einzelne die eigene wahre Stärke erst einmal in sich selbst anerkennen. Niemand kann dich leben, niemand kann dich ausdrücken, nur du selbst kannst es.

Wir sind verkorkst worden, und indem wir erstmals begreifen, dass unsere Art und Weise zu denken und zu handeln verkorkst ist, öffnet sich für uns die Tür, und wir können erkennen, dass die Problematiken, die wir leben, nur aus dem verkorksten Denken und Handeln kommen. Auch die vielen Partnerprobleme kommen aus dieser Manipulation, die man hier auf die Menschheit gelegt hat. Sie sind nicht natürlicher Art.

Natürlich ist es für uns, dass wir immer für ein Ganzes leben und für ein ganzes, ineinander gewobenes Sein geradestehen. Und somit ist jede Gedankenform, die uns selbst ausdrückt, jede Handlung, die uns selbst ausdrückt, immer wohltuend für unseren Nächsten und das gesamte Sein. Erst wenn wir uns selbst anerkennen, uns in unserer Kraft sehen, in unserer wahren Lebensfreude, kann sich auch im Außen etwas bei uns ändern. Nur dann sind wir auch in der Lage, das, was wir sind, auszudrücken und das zu erschaffen, was für das Ganze fördernd ist, aber vor allem leben wir dann Freude und Harmonie und sind gesund.

Bist du bereit, das zu leben, was du bist, oder willst du immer noch danach suchen, was bequem ist, was dich behindert, damit du nicht die Verantwortung für deinen Selbstausdruck übernehmen musst? Das ist ebenfalls Manipulation, denn damit drückt sich nur aus, dass du für dich als Wahrheit angenommen hast, dass du miserabel und ein Nichts bist, unwürdig, ein Parasit der Gesellschaft, der nicht in der Lage ist, selbst etwas zu bewirken. Erkenne dich, indem du dir zuschaust, und wisse, wer du bist. All das, was nicht zu uns gehört und unserem Lebensausdruck schadet, muss aus unseren Verhaltensmustern und unserer Denkart verschwinden, indem wir uns endlich davon lösen. Und deswegen: Liebe dich so, wie du tatsächlich bist in deiner Größe und in deiner Seinskraft. Achte dich. Sei ehrlich zu dir.

Das materielle Sein ist ein Spiegel dessen, was du selbst bist. Fühlst du dich in der Fülle, so ist auch im Außen die Fülle da. Benötigst du etwas, um dich besser ausdrücken und manifestieren zu können, so wird es kommen. Es ist ganz einfach und leicht, denn wenn wir in unserer Kraft sind und angebunden an die Quelle der All-Einheit, sind wir auch im Selbst-Vertrauen, im Selbst-Ausdruck und in der Selbst-Liebe, die immer der All-Liebe gleicht.

Man kann nichts, aber auch gar nichts für sich im Außen finden! Nur in uns selbst haben wir alle Güter, das gesamte Kapital, genau das, was wir hier für dieses Leben brauchen. Es zu nutzen bedeutet, in sich selbst zu ruhen. Wir sind in die Einheit eingebettet. Wir sind nicht allein in dieses Sein eingetaucht, sondern mit all den Wesenheiten zusammen, die zur Einheit gehören, um ein einheitliches, neues und angehobenes Sein zu erschaffen.

Kapitel 4
Die Manipulation der Seinskraft und ihre Überwindung

Wir alle sind manipuliert

In früheren Kapiteln ist bereits darüber gesprochen worden, dass du es bist, der bestimmt hat, in dieses Sein zu gehen und hier das zu manifestieren, was du selbst bist. Dies hätte niemals geschehen können, wenn du nicht die Kraft wärest, die hier in dieses Sein gehen kann. Du bist in diesem Bewusstsein hierher gekommen, weil du wusstest, du kannst und wirst es schaffen.

Deswegen ist es so wichtig, dass wir unsere eigene Kraft voll anerkennen. Diese Kraft können wir nicht durch andere erwerben, indem wir versuchen, uns an andere anzulehnen.

Aber wir wurden in der Vergangenheit dazu umerzogen, uns hier nicht ausdrücken zu können. Die manipulative Kraft derer, die hier herrschen, hat uns davon überzeugt, uns hier nicht so zu manifestieren, wie wir es uns vorgenommen hatten, und wir haben diese Behinderung zugelassen. Wir sind in die Abhängigkeit derer geraten, die hier alles Leben manipulieren. Auch wir selbst sind stark manipuliert.

Indem wir die Manipulation als Realität angenommen haben, verloren wir unsere Ziele aus den Augen und haben uns überzeugen lassen, dass wir nichts wert sind, nicht die Kraft haben und vor allem keinen eigenen Ausdruck besitzen. Dass dies geschehen ist, muss jeder erst einmal für sich anerkennen, und hier müssen wir ganz ehrlich mit uns sein. Aber wer wirklich erkannt hat, dass er oder sie hier nur mit halber, einem Drittel oder Viertel der eigenen Kraft läuft, kann das mit der Anerkennung dieser Tatsache auch wieder ändern. Und darum geht es! Es ist sehr wichtig, dass wir die Tatsache unserer Manipulation annehmen.

Dann erst und in diesem Bewusstsein können wir wieder ausdrücken, was wir wirklich sind. Wenn du also weißt, dass nur ein Drittel von dir hier in der Realität sichtbar ist, dann kannst du auch die anderen zwei Drittel dazu legen. Das ist wichtig.

Der Abschied von der Unterdrückung der Kräfte

Wir haben uns also von den anderen überzeugen und unterdrücken lassen, so dass wir nichts von uns zeigen und ausdrücken. Man hat uns so manipuliert, dass eine minderwertige Ausdrucksform das Passende für uns zu sein scheint. Damit sagen wir »Ja« zu ihnen: »Ja, ihr habt Recht. Ich bin es nicht wert, hier in diesem Sein zu sein. Denn es wird mir andauernd gesagt, dass ich einen Vormund oder Gesetze brauche und diejenigen, die über mich bestimmen und an meiner Stelle angeblich für mich sprechen.«

Vielleicht findest du diese Formulierung übertrieben. Aber indem wir uns nicht selbst ausdrücken und uns selbst nicht anerkennen, sagen wir genau das.

Bewusstes Sein bedeutet, dass ich mir meiner Situation und meiner Kraft vollkommen bewusst bin und auch ganz genau weiß, was ich jeden Tag in meinem Lebensalltag lebe und ausdrücke, – wirklich mich selbst oder die manipulierte Kraft?

Da gibt es jetzt nur eins zu tun:

- Ich erkenne mich an!
- Ich lebe mich.
- Ich liebe mich und lebe das, was ich mir vorgenommen habe.

Ich weiß zwar nicht, wie die Schritte aussehen, die ich gehen werde, aber ich weiß, dass ich es kann. Nur deswegen bin ich hergekommen, weil ich wusste: Ich kann es!

Somit ist es keine Frage mehr, ob wir es können, sondern nur, ob wir es wollen. Willst du dich leben? Willst du dich ausdrücken oder willst du weiter ein vom Mangel geprägtes, manipuliertes Etwas hier in diesem Raum oder in dieser Welt sein, die von denen hier beherrscht wird, die nichts von der All-Liebe verstehen, nichts von dem Wissen, das du in dir trägst, und die nichts von der Klarheit deiner Präsenz ausdrücken können? Sie können nur das Eine, nämlich die Vernichtung nach vorne treiben und ihr Parasitenleben weiter ausbreiten, denn sie sind nicht des Lichtes.

Die Wahrheit hörst du immer über das Herz

In dieser Zeit ist es besonders wichtig, unterscheiden zu können, was der Wahrheit entspricht und was nicht. Die Wahrheit hört man immer über das Herz. Die Herzensenergie gibt den Halt und die Stabilität im Leben. Wenn ich nicht in meiner Herzensqualität bin, kann ich auch nicht unterscheiden, wovon der andere redet, ob er die Wahrheit sagt oder ob ich weiter mit Lügen getränkt werde.

Das Leben eines jeden ist in Gefahr, je mehr er sich der Lüge hingibt. Warum? Weil die Lüge uns innerlich, das heißt energetisch, austrocknet. Deswegen werden diejenigen, die der Lüge anheim fallen und der Lüge Glauben schenken, krank. Das sehen wir auch an Ehepartnern: Wenn der eine immer den anderen belügt, verfällt der Belogene wirklich in ein Siechtum, weil er im Grunde genommen dem Ganzen nicht traut, sich aber selbst nicht den Raum für die eigene Wahrnehmung gibt, weil er glaubt, dass er so besser damit zurecht kommt.

Dafür gibt es zweierlei Ursachen: zum einen gehen wir der Situation der Bequemlichkeit halber aus dem Weg, zum anderen trauen wir uns selbst und unseren Empfindungen nicht mehr. Wenn wir selbst lügen, machen wir uns zu einem Werkzeug der Dunkelheit, die hier herrscht.

Egal wer den Mund aufmacht, ob in der Politik oder anderswo, es wird gelogen. Man mag eigentlich niemandem mehr Vertrauen schenken – außerdem wird uns auch durch die ständigen Widersprüchlichkeiten jede Art von Vertrauen zunichte gemacht.

Wir haben in uns ein Vertrauen genährt, das missbraucht wurde. Der Satz »Ich habe kein Vertrauen«, bedeutet, dass dieses Vertrauen in eine äußere Sicherheit von Versicherungen anderer geprägt wurde, zum Beispiel von den Versicherungen eines Staates, der angeblich alles besser weiß, oder einer Kirchenorganisation. Dieses Vertrauen wurde durch Manipulation aufgebauscht und aufgepumpt. Die Wahrheit hat jedoch eine vollkommen andere Kraft.

Deshalb müssen wir jetzt lernen, uns selbst zu vertrauen, dem Programm, welches durch uns selbst in uns gespeichert worden ist, mit unserem Namen versehen ist, unserer Kraft entspricht, und das mit dem wahren Vertrauen unserer geistigen Existenz getränkt wurde. Wenn jetzt die von den anderen errichteten »Türme zusammenbrechen« und wir beunruhigt sind, weil wir nun nicht mehr wissen, was kommen wird, was wir tun sollen oder wie es sein und ausgehen wird, dann liegt dies daran, dass wir im Grunde genommen nicht an unseren wahren Lebensausdruck, an unsere wahre Essenz angebunden sind. Wenn wir weiterhin der Lüge in unserem Leben Raum geben und immer noch daran glauben, dass die anderen es besser können und besser wissen und so weiter, sind wir unserem eigenen physischen Verfall ausgesetzt. Denn dann nähren wir unsere Kräfte und unser Lebensprinzip nicht.

Die Kraft der All-Einheit, die darauf hinweist, dass alles in Ordnung ist, ist in uns und nicht außerhalb von uns zu finden. Wir alle haben auch feinstoffliche Sensoren in uns, nicht außerhalb von uns. Über das Haupt und besonders das Herz sind wir mit der Quelle allen Seins verbunden. Somit spüren wir auch, was Lüge ist. Wir wachen langsam auf und sehen, dass die hier ausgeschütteten Manipulationen uns vollkommen im Griff haben und bei der gesamten Menschheit ein Gefangensein hergestellt wurde. Denn alle Menschen sind mit Lüge, Zwietracht, Misstrauen, also mit Unwahrheit gefüllt worden, mit allen negativen Ungereimtheiten, die nicht zueinander passen; denn sie greifen nicht ineinander, sie werden einfach wahllos in den Raum gestellt.

Und wir, die eigentlich an die Wahrheit, an die reine Kraft angebunden sind, versuchen diesen Wirrwarr zu ordnen, ihn uns zugänglich zu machen. Es passt nicht. Es türmt sich Lüge über Lüge auf, Berechnung auf Berechnung, Vertrauensmissbrauch auf Vertrauensmissbrauch. Das Einzige, was dann eines Tages übrig bleibt, ist die Enttäuschung. Von wem sind wir eigentlich enttäuscht? Wir sollten von uns selbst enttäuscht sein, weil wir nicht in unserer Kraft sind, nicht bei uns, nicht in unserem Herzen, und weil wir es uns nicht gönnen, uns hier zu leben und auszudrücken. Was fehlt, ist die Hingabe an uns selbst. Was fehlt, ist das Vertrauen, weil es so lange von anderen Kräften missbraucht worden ist. Was fehlt, ist, dass du dich in der Wahrheit erkennst, indem du für dich das zur Wahrheit erklärst, was du wirklich bist.

Wir sind hier in diesem Sein, um uns selbst zu leben

Wenn gesagt wird: »Du bist es, der bestimmt hat, hier in dieses Sein zu kommen und der bestimmt hat, was er leben und ausdrücken möchte«, klingt das fremd für uns. Die Manipulationen, denen wir erlegen sind, machen uns glauben, wir hätten hier in diesem Sein nur eins zu tun: Produktiv zu sein in einer Arbeitswelt des Geldes, des »Nehmens und Entsorgens«.

Aber wir sind Schöpfergeister, die aktiv daran mitwirken, dass diese Welt eine Veränderung erfährt; wir haben uns vorgenommen, das Reine Sein zu leben und zu verkünden, und dazu gehört natürlich die All-Liebe, die Liebe zu allem Sein. Das macht uns gleichzeitig zu einem Wächter für alle, die Hilfe benötigen, um sich selbst entwickeln und entfalten zu können. Denn sie werden hier in diesem Sein bewusst stark benachteiligt, einzig deswegen, weil sie dem Licht entgegen streben.

Die einzige vertrauenswürdige Quelle ist das eigene Herz

Es ist uns fremd, uns selbst zu vertrauen. Aber es gibt nur eine Quelle, der wir Vertrauen schenken können, und das ist unser eigenes Herz. Es ist angeschlossen an die Quelle des All-Einen und trägt dazu bei, dass jeder von uns, bewusst oder unbewusst, immer aus der Quelle schöpfend, hier dieses Sein bereichern kann. »Vertraue in das, was du bist«, ist deswegen der wichtigste Satz in deinem Sein, den du dir so einprägen musst, dass du immer in diesem Bewusstsein lebst. Angeschlossen an die All-Eine Kraft kann man alle Informationen abrufen, die man hier in diesem Sein benötigt. Wer diese Fähigkeit bewusst in sich schult, wird unabhängig von den Meinungen der anderen und von den beengenden und einschnürenden Kräften, die hier herrschen.

Das Bewusstsein, das bewusste Sein, wird dann in den Vordergrund treten und jeden von uns hier lenken und leiten. Nur über das Bewusstsein unseres Selbstes, unserer Herzenskraft, die uns lenkt und leitet, können wir die Reine Kraft unseres Herzens zum Ausdruck bringen. Darüber sind wir angeleint und angebunden an das All-Eine Bewusstsein.

Behinderungen und Probleme, die nicht zu unserem eigentlichen Sein gehören, sind entstanden, als wir versuchten, uns an die Erdenverhältnisse (Eltern, Familie usw.) anzupassen. Wir glaubten, diese Verhältnisse würden dem Ausdruck der feinstofflichen Welt gleichen. Jetzt jedoch ist es Zeit, diesen Glauben abzulegen. Diese Art der Anpassung war negativ, weil sie uns von unserem Bewusstsein, unserem eigenen bewussten Sein, abgelenkt hat. Deswegen ist es so wichtig, dass wir uns anschauen, wer in unserem Umfeld uns was gelehrt hat: Was davon ist nutzbar, und was ist alter Aberglaube oder Manipulation derer, die hier die Welt beherrschen?

Jetzt ist es dir erlaubt, dich selbst in deiner Seinskraft zu sehen. Diejenigen, die mit dir Hand in Hand gehen, wünschen, dass du endlich siehst, wer und was du bist.

Nur so kann ein Wandel vollzogen werden. Nur so können wir uns aus einem verlogenen, manipulierten Sein ausklinken, welches nur Verdruss bringt, Mißstände erschafft und traurige Erscheinungsbilder hier in dieses Sein ausstrahlen lässt. Deswegen sei dir bewusst, was du bist, lebe und vor allem nutze es. Wie lernt man so etwas? Das geht nur, indem man es immer wiederholt, wiederholt, wiederholt. Genau so wie die anderen es ständig wiederholen, uns hinabzuziehen, müssen wir immer wieder die Kraft und den Willen dazu aufbringen, uns selbst zu leben und uns selbst auszudrücken. Sonst lassen wir uns zu den Handlangern derer machen, die hier das, was dem Reinen Geist in diesem Universellen Sein entspricht, verderben und verdrängen wollen.

Die tägliche Verbindung mit der Quelle allen Seins erschaffen

Unsere Helfer auf der geistigen Ebene können uns am wirkungsvollsten unterstützen, wenn wir ihnen entgegenkommen und unser Selbst jeden Morgen beim Aufwachen an die erste Stelle setzen. Dann sollten wir uns vornehmen, diesen Tag in unserer Größe zu leben, mit allen Schattierungen unseres individuellen Selbstausdruckes der Liebe, des Vertrauens, des vollkommenen Erwachens und der Güte. Das ist die Herzensqualität unseres Selbstes, die sich überall dort, wo wir sind, verankern und ausbreiten wird.

Wer sich jeden Morgen aufs Neue auf sich selbst ausrichtet, der gewinnt zunehmend Vertrauen in die eigene Kraft und in den eigenen Selbstausdruck: sehr stark, sehr kraftvoll und angefüllt mit Liebe und Licht.

Auf dieser Ebene des Geistigen Seins haben wir immer

aufbauende, erweiternde Gedanken, immer eine fördernde, harmonische und ausbalancierte Kraft, die uns hilft, dieses Sein in ein neues Gleichgewicht zu bringen. Der Lebensalltag wird sich automatisch verschönern und bringt mehr Freude und Gelassenheit. Es ist wichtig, dass wir selbst dies eigenverantwortlich für uns regeln, es für uns erschaffen und ausdrücken. Die feinstofflichen Geschwister sind dabei an unserer Seite und freuen sich auf diese Begegnung, die ein Miteinander auf der Ebene unseres Reinen Geistigen Seins verspricht. Dies ist genau das, was sie sich wünschen.

Jeder von uns wurde in ein manipuliertes Sein hineingeboren

Jeder von uns ist hier in diesem Sein, um sich selbst zu leben und auszudrücken. Das ist die wahre Kraft, die wir leben wollen. Was ist das Wahre deines Selbstausdrucks, den du hier einbringen möchtest? Die Erlaubnis, du selbst zu sein! Es hängt viel von dieser Erlaubnis ab. Viele von uns haben sich in dieser Hinsicht noch nicht das »Ja« erlaubt, weil sie immer noch glauben, uralten Verpflichtungsgefühlen nachkommen zu müssen, die durch ewige Zeiten den Familiensinn und die Einstellung zur Familie geprägt haben. Wir sind hier in dieses Sein eingetaucht, um das Licht und die Liebe zu verankern, und dafür in Familienkonstruktionen hineingegangen, die stark manipuliert waren und in denen es schwierig war, sich selbst zu leben und auszudrücken. Aber wir wollten auch in diese Familien unser Licht und unsere Liebe einbringen.

Das, was du jetzt leben willst, ist dein eigener Aspekt, dein eigener Ausdruck, und darum ist es so wichtig, dass du erfährst, wer du bist und was du hier willst. Vor allen Dingen erlaube es dir, dich selbst anzuschauen, dich selbst zu lieben, dich selbst in deiner wahren Ausdruckskraft des All-Einen wahrzunehmen.

Wir müssen, um uns selbst leben und manifestieren zu können, in unserer wahren Natur sein. Nur so können wir die Behinderungen loslassen, die aus der Prägung durch unsere Familienkonstruktion hervorgegangen sind. Denn jeder von uns ist in alte, auch religiöse Traditionen durch manipulative Worte und Werke stark eingebunden. Darum ist es so wichtig, dass jeder Einzelne sich selbst beobachtet, sich selbst wahrnimmt.

Jeder von uns ist eins mit der All-Einheit und hat sich selbst sein vollkommenes Programm geschrieben. Dieses können wir jederzeit an die Öffentlichkeit bringen, es jederzeit ausdrücken denn der Einzelne bestimmt selbst, ob er sich ausdrücken möchte oder nicht. Niemand kann uns dazu zwingen, das zu leben, was wir sind. Nur wir selbst geben uns diesen Freiraum, um hier in diesem Zeitenraum jetzt den Übergang in eine neue Seinsebene zu erschaffen, in eine neue Seins-Welt, die Liebe und Licht ausdrückt. Dazu gehört die freie Form eines jeden, die sich ausdrücken und die sich leben möchte, um damit die Vielfalt des All-Einen Seins der All-Einheit herzustellen.

Alles ist bereits in dir, und du kannst es nicht außerhalb von dir finden.

Unser Körper trägt die außergewöhnlichen Belastungen dieses Seins

Jeder von uns ist kraftvoller und ausdrucksstärker als die alten Manipulationen, und vor allem sind wir Liebe und Licht. Wir können all diese Dinge von uns lösen und erlösen, indem wir uns ganz bewusst in der geistigen Einheit eingebettet sehen und immer wieder in unsere wahre Essenz eintauchen. In dem Augenblick, wo uns bewusst ist, dass wir SIND, im »Hier und Jetzt«, in der Präsenz unserer Feinstofflichkeit und in dem kleinen körperlichen Gefährt, können wir das Alte sofort überbrücken, aber nur dann, wenn wir es wollen.

Nun sind wir an dem Punkt unserer Bewusstwerdung angekommen, wo es darum geht, uns selbst anzuschauen. Wir alle sind von dem altem Gedankengut infiziert, wir seien nur unser Körper. Aber der Körper ist nur der kleinste Ausdruck unseres Selbstes. Den Körper versuchen die Beherrscher des irdischen Seins zu manipulieren, denn sie können nur die Materie beherrschen, nie unseren Geist und nie das, was wir wirklich sind. Aber das müssen wir erst einmal erkennen und das können wir nur, wenn wir uns dafür entscheiden, unsere wahre Seinskraft zu leben und auszudrücken.

Gebt dem Körper, was der Körper braucht, das ist wichtig. Aber das können wir nur, indem wir uns hier in unserer wahren geistigen Kraft sehen. Dann kann sich auch jeder Einzelne für seinen oder ihren Körper und sein körperliches Sein und Wohl einsetzen und diesem das Richtige geben.

Unser Körper braucht nämlich die Anerkennung dafür, dass er uns hilft, hier in diesem Sein unser Werk zu tun. Denn er ist es, der hier in diesem materiellen Sein den meisten Belastungen ausgesetzt ist. Wer sich das erst einmal richtig angeschaut und es bewusst erlebt hat, der weiß, dass eigentlich nur das wirklich manipuliert werden konnte, was irdischer Art ist. Wenn das klar ist, kann man sich auch von dem Konstrukt der Manipulation lösen.

Wahrer Geist, reiner Geist ist offen und unendlich und in seiner schöpfenden Kraft immer und fortwährend ausdrucksstark. Wer das nicht lebt und sich das nicht erlaubt, ist beschränkt auf seinen materiellen Geist, das heißt hier auf sein Gehirn. Aber das Gehirn ist ein Computer, es kann immer nur das wiedergeben, was dort hineingeschafft worden ist. Dies ist die Manipulation, die wir erkennen müssen. Es ist nicht möglich, unsere geistige Essenz so zu manipulieren, dass wir nicht mehr wissen, wer wir eigentlich sind. Das geht nicht, denn unsere geistige Essenz ist weitaus höher schwingend und weitaus höher angesiedelt als die Materie. Sie hat ein eigenes, sich ihrer selbst bewusstes Sein, und dieses Bewusstsein will sich leben und ausdrücken, es will aus diesem kleinen geistigen Gefängnis, in das es hier eingesperrt worden ist, heraustreten und die Seinskraft des wahren schöpfenden Seins hier ausdrücken, und zwar fortwährend.

Wenn wir uns das jetzt nicht erlauben und uns nicht die Bereitschaft dafür geben, dann wird unser Körper darauf reagieren. Er wird krank und kränker werden, weil er sich zunehmend verspannt und zwischen wahrem Geist und dem Verstandes-Konstrukt hin- und hergewirbelt wird. Eigentlich will der Körper jedoch zu einem wirksamen Gefährt für uns werden und der Gefährte in dieser Zeit sein, der uns erlaubt, hier zu wirken.

Die Harmonie des gemeinsamen Schaffens und Wirkens ist sofort aktiv, indem du das in dir anerkennst. Vertrauen sollten wir nur in das, was jeder von uns wirklich ist! Wir sollten nicht dem Aspekt Kraft geben, der uns hier in diesem Sein degradieren möchte und manipulativ in den Untergrund zwingen will oder in die Dunkelheit schickt. Das, was sich leben will, ist Liebe und Licht, also das, was wir wirklich sind. Was sich ausdrücken will, ist unsere komplette Seinskraft, unsere Feinstofflichkeit, denn sie will sich hier genauso manifestieren, wie wir es uns vorgenommen haben. Nur unser Körper und unser Gehirn konnten manipuliert werden, nur auf dieser materiellen Ebene können die Beherrscher des irdischen Seins einwirken und nicht darüber hinaus. Deswegen ist es so wichtig, dass wir jetzt unsere Einstellung zu uns selbst verändern, uns endlich anerkennen und das leben, was wir wirklich sind.

Und das ist der Punkt, denn wir haben uns selbst noch immer nicht anerkannt. Wir möchten es zwar, aber wenn es bereits der Fall wäre, dann hätten wir auch keine Probleme mehr, mit diesen manipulativen Kräften umzugehen. Darum ist es so entscheidend, in das zu vertrauen, was wir wirklich sind! Nur darum geht es, wir müssen in niemanden Vertrauen haben, der uns dann enttäuscht. Nein! Vertraue in das, was du wirklich bist.

Du sollst dich in deiner wahren Pracht hier manifestieren, in dem Verständnis dafür, dass du eine reine geistige

Wesenheit aus einer höheren Seinsebene bist, die sich hier eingefunden hat, um das auszudrücken, was du in Wahrheit bist.

Nur wenn wir die Perspektive des Höheren Seins einnehmen, kommen wir uns selbst auf die Schliche

Jeder sollte sich intensiv selbst anschauen, wie er oder sie sich im Lebensalltag bewegt, und sich bewusst zuschauen, um sich von diesen uns aufgezwungenen Manipulationen lösen zu können. Das nennt man bewusstes Sein. Da wir so stark manipuliert wurden, müssen wir uns durch diese Selbstbetrachtung von dieser Art der Manipulation lösen, um uns selbst darstellen und ausdrücken zu können. Es geht nur darum, sich selbst zu leben und auszudrücken und das zu sein, was man wirklich ist. Der nervtötende und beeinträchtigende Humbug um uns herum wurde uns von den Beherrschern dieses Seins aufgezwungen und ist nun in unserem System integriert. Um das hinaus zu katapultieren, gehen wir in unseren wahren Seinsausdruck und sind in unserem Lebensalltag bewusst immer aus der Perspektive unseres höheren Seinsaspektes heraus tätig. Je mehr wir dies bewusst tun, umso selbstverständlicher wird es sein.
Auch das, was wir selbst sagen oder ausdrücken, ist teilweise Humbug und hat nichts mit unserem wahren Seinsaspekt zu tun. Wenn wir einmal betrachten, welche Anschauungen wir pflegen, wie wir reden und uns ausdrücken, wie wir viele Dinge handhaben, dann können wir erkennen, wie viel

davon nicht von uns ist. Jetzt geht es aber darum, sich selbst auszudrücken und sich selbst zu leben.

Wir sind sehr starke Wesenheiten voller Licht und Glanz und angefüllt mit der Kraft aus der Quelle. All dies wollen wir hier in jedem Augenblick unseres Lebensalltags leben und ausdrücken, und wenn wir ein neues Seinsgewebe erschaffen wollen, müssen wir das auch tun. In ein Neues Sein werden wir nichts von unserer alten fremdbestimmten Art zu denken und zu handeln mit hineinbringen können. Mit dieser alten Art kann kein Neues Sein erschaffen werden, sie kann uns nicht einmal den Lebensalltag verschönern. Aus diesen alten Gewohnheiten können wir uns keinen befriedigenden Seinszustand erschaffen. Nur eines kann uns befriedigen: Wenn wir uns selbst die Erlaubnis geben, uns selbst zu leben, wir selbst zu sein und das auch auszudrücken. Der Rest ist Humbug.

Um das leben zu können, was wir wirklich sind, müssen all unsere inneren Seinsebenen aus der Frustration herauskommen, die der Menschheit hier aufgezwungen worden ist. In dieser Befreiung liegen Frieden, Erfüllung, Harmonie, und darin ist für uns all das präsent, was wir benötigen, um hier ein schönes, harmonisches, ausdrucksstarkes Sein zu leben.

Diese Ausdrucksstärke ist in uns selbst, nicht außerhalb bei den anderen. Wir können niemals bei einer anderen Person fühlen, sondern nur in uns selbst, und das auch nur, wenn wir uns selbst erkunden, uns selbst auf die Schliche kommen und bewusst immer mehr das ausdrücken, was wir wirklich sind.

Als wir in dieses Sein eintraten, war jedem von uns bewusst, dass es Schwierigkeiten geben würde, aber uns war auch bewusst, dass es zu schaffen sein würde. Alle Helfer auf der feinstofflichen Seite, die zusammen mit jedem von uns diesen Weg gehen, wussten das auch.

Jeder von uns war die Kraft, die das »Know-How« hatte, um hier in diesem Sein das Reine des geistigen Prinzips sichtbar zu manifestieren, indem wir es in diese Welt mit einfließen lassen.

Nun ist der Moment gekommen, wo jeder von uns mit der Wahrheit seines oder ihres Selbstes konfrontiert ist. Wir können uns vor uns selbst nicht mehr verstecken.

Wir können uns nicht länger beschwichtigen und uns weismachen, es sei nicht möglich, oder jedenfalls nicht gerade jetzt, uns selbst zum Ausdruck zu bringen. Wir können uns auch nicht mehr damit entschuldigen, dass wir behindert werden, um uns noch zu schonen oder zurückzustellen. Diese Zeit ist vorbei. Jetzt ist der Moment gekommen, um in der kompletten Ausdrucksstärke unseres Selbstes aus der Versenkung aufzutauchen.

Das Neue Sein hat bereits begonnen. Die aufsteigende Erde hat begonnen, sich abzulösen, um jetzt eine neue Seinsebene bereitzustellen, auf der die aufbauende Kraft der Einheit weiter sichtbar werden soll. Wir sind jetzt hier, um diese neue Erkenntnis, diese neue Seinsqualität in das irdische Sein hineinströmen zu lassen. Das hilft auch anderen, die jetzt das Licht und die Liebe suchen und in ein Neues Sein mit eintreten möchten, um von dieser Information getragen diesen Weg des Neuen Seins zu begehen.

Dein Verstand weiß nicht, wer du bist

Über unser Herz, unsere Herzensqualität kann jeder von uns sich selbst wiederfinden, erkennen und all seine inneren Strömungen schauen, die sich immer in der Einheit des Ganzen, des gesamten Ausdrucks des All-Einen Seins wiederfinden. Unser Herz ist ein Teilaspekt des Ganzen und in die vollkommene, universelle einheitliche Kraft, die All-Liebe des All-Einen Seins, also in das Ganze eingebettet. Jetzt sind wir an diesem Punkt angekommen, das auszudrücken, was wir sind. Wir können das voller Vertrauen tun, wenn jeder von uns an die Quelle allen Seins angebunden ist, sowie er sich über die eigene Herzensfrequenz und den eigenen göttlichen Ausdruck mit dem All-Einen Sein verbindet.

Es ist wichtig, sich jetzt im eigenen Selbstausdruck zu erleben und sich mit diesem kraftvollen Element der eigenen Stärke jeden Tag aufs Neue zu verbinden.

Die Einheit erlebt man, indem man sich erlaubt, sich selbst Tag für Tag zu leben. Wer sich selbst anerkennt und die Liebe seines Selbstes ausdrückt, kann auch gemeinsam mit jedem anderen, der die Liebe des Selbstes versucht zu leben oder zu finden, in der Einheit gehen. So kann diese Frequenz sich mit jedem von uns und mit den anderen verknüpfen, und somit kann ein einheitliches Gewebe erschaffen werden für alle diejenigen, die sich mit in diese Verbindung einbringen möchten. Deswegen ist es jetzt so wichtig, dass wir uns in diesem Seinsgefüge nicht nur wiedererkennen, sondern auch ausdrücken und dass all die Barrieren, die uns daran gehindert haben, den eigenen Selbstausdruck zu leben und auszudrücken, jetzt niedergerissen werden, damit unser eigener kraftvoller Selbstausdruck denjenigen, die das Neue Sein leben wollen, sichtbar zur Verfügung steht.

All diese Kraft liegt in jedem von uns bereit. Wir haben all das Wissen in uns und können uns jederzeit an die Quelle allen Seins anschließen und das, was wir an Wissen und Kraft benötigen, hier in dieses Sein einbringen. Somit kann uns nichts, aber auch gar nichts fehlen, denn alles ist in der All-Einheit gespeichert, und all diejenigen, die jetzt ihre eigene Seinskraft leben und ausdrücken möchten, können es abrufen.

Befreiung aus den alten Fesseln und der Eintritt in eine neue Seinsform

Du liebst dich? Weißt du inzwischen, was es bedeutet, dich zu lieben? Wer weiß, was es heißt, sich selbst zu lieben, der ist in der Reinheit seines Geistigen Seinsaspektes im Hier und Jetzt tätig. Wer in der Liebe zu sich selbst ist, der oder die ist gleichzeitig in Liebe mit all den anderen Lebewesen verbunden, die in die Reinheit des Geistigen Seins eingebunden sind. Vertraue in deine Kraft. Vertraue in die Kraft der Liebe, die dich selbst geprägt hat, die dich ausdrückt, indem du es dir erlaubst, dich in diesem Sein so zu zeigen, wie du in deiner reinen geistigen Form bist.

Es ist Liebe, die uns hierher geführt hat. Es ist Liebe, die gelebt werden will. Es ist Liebe, die sich hier in diesem Sein ausdrücken möchte. Um das Neue Sein zu erschaffen, braucht es genau diesen, deinen Seinsaspekt, der die wahre Liebe deines Selbstes hier in dieses Sein hineinfließen lässt. Die Kraft des All-Einen in sich spürend kann jeder Einzelne hier arbeiten und den eigenen Auftrag erfüllen, die Liebe auszudrücken, die das heilende Element ist und zu der neu erschaffenden Kraft des All-Einen Seins gehört. So kann all das, was hier in diesem Sein nicht dem reinen Geist entsprach und entspricht und die Menschheit krank gemacht hat, heilen.

Jeder von uns ist ein Teil des Ganzen und ein Teil der All-Liebenden Kraft, die sich hier in dieses Sein hineingewagt hat, um aus ganzem Herzen diese Kraft der All-Einheit auszudrücken. Diejenigen, die jetzt das Licht und die Liebe leben wollen, können nicht in der alten Form des Althergebrachten weiterleben. Nein! Sie müssen diese neue Seinsform in eine neue Seinsebene hinein befördern, denn nur so kann es eine neue, liebende Kraft des All-Einen aufstrebenden Seins geben, die fortwährend wieder die Reinheit und die Vollkommenheit des All-Einen Seins ausdrücken wird.

Jetzt sind wir uns in mancher Hinsicht selbst auf die Schliche gekommen, haben gesehen, welche Kraft uns in all den Jahren darin behindert hat, das zu leben, was wir wirklich sind. Daher können wir uns jetzt von diesen Fesseln der alten Seinsform lösen oder haben uns bereits gelöst, um uns in unserer Daseinsfreude, in unserer Freude des all-ein-heitlichen Ausdrucks der reinen Kraft des Geistes hier zu zeigen, die immer die Freiheit und die liebevolle Seinskraft aufzeigt.

Wir wollen diese Kräfte hier manifestieren, weil wir selbst aus diesem Element, dieser Kraft gebaut sind, weil wir selbst es sind, die hier in diesem Sein die eigene Kraft des eigenen Ausdrucks einfließen lassen wollen. Darum musst du dich selbst so vollkommen wie möglich leben und dich selbst authentisch im Alltag manifestieren.

Kapitel 5
Ein Leben in der Freude lässt uns Vollkommenes und Neues erschaffen

Wir gehen mit Liebe in den Tag, indem wir uns auf das innere Wohlsein konzentrieren. Darin liegt die Mannigfaltigkeit unseres Seinsaspektes. Jeder hat eine eigene individuelle Form des Selbstausdrucks, weil gerade diese Form jedem von uns die Möglichkeit gibt, sich in vollkommener Weise auszudrücken. Jeder, ohne Ausnahme, ist hier im individuellen Aspekt des eigenen Selbstausdrucks tätig. Wir können uns in unserer Seinskraft immer nur ausdrücken, wenn wir uns hier in unserem vollkommenen Seinsausdruck befinden. Darum ist es so wichtig, sich jeden Morgen aufs Neue den inneren Raum der Fröhlichkeit und Anerkennung des eigenen Selbstausdrucks zu erschaffen. Das gibt uns Kraft und erhebt uns in die Meisterschaft unseres Selbstausdrucks hier in diesem irdischen Sein.

Die Liebe in dieser allmorgendlichen Einstimmung erschafft, wenn wir sie jeden Morgen aufs Neue vertrauensvoll in Anspruch nehmen, neue Formen in allen Lebensbereichen, die sich immer mehr dem vollkommenen Ausdruck des Himmlischen Seins anpassen.

Die Gotteskraft ist in uns tätig, und im bewussten Seinszustand aktivieren wir sie immer und überall in unserem täglichen Sein, indem wir uns erlauben, uns selbst zu leben. Denn das Göttliche Sein richtet sich immer nach dem Licht aus und versucht immer die Liebe auszudrücken, dieses Lebenselixier, die lebenserhaltende Energie des Göttlichen Gesamtausdrucks.

Das Leben eines jeden Einzelnen soll Freude bringen. Es ist wichtig, dass wir Freude im Leben leben und ausdrücken. Es ist ganz besonders wichtig, dass wir Freude daran haben, ganz wir selbst zu sein! Wir sollten eigentlich die Freude auch hier in diesem Sein leben, wir müssen nicht leiden. Es liegt in unserer Hand, wie wir selbst uns den Lebensalltag einrichten und welche Einstellung wir zu ihm haben. Wer jeden Morgen mit Freude an seine Aufgabe geht und mit Freude im Herzen seine Arbeit verrichtet, wird dies mit Leichtigkeit und Erfüllung tun können, denn nur so können wir ausdrücken, wer wir wirklich sind.

Wer in der Freude ist, erlebt alles um sich herum als fließend und hat den Eindruck, dass man ihm zu Hilfe kommt. So lassen sich die Dinge, die man täglich im Programm hat, leichter handhaben. Es ist so! Mit Freude im Herzen erschafft sich jeder von uns sein oder ihr eigenes, schönes Sein hier in dieser Welt. Wenn wir einmal traurig sind, können wir sofort daran denken, wer wir sind. Wir können versuchen, uns den Tag wieder zu verschönern, indem wir uns erlauben, unseren Selbstausdruck zu spüren und zu leben und in Vollkommenheit im Außen darzustellen, um denen, die jetzt Hilfe von uns benötigen, Heilung zu bringen oder ein bisschen Aufmerksamkeit zu schenken. All das ist möglich, indem wir uns die Erlaubnis geben, uns selbst zu fühlen und unseren Selbstausdruck sichtbar zu machen.

Jeder von uns ist einmalig und ein Ausdruck aus der Gesamtheit, der hier jetzt tätig ist und die eigene Frequenz und die eigene Liebesschwingung hier in dieses Sein hineinströmen lässt. Egal wie es uns geht, sollten wir versuchen, uns morgens schon die Freude darüber zu gönnen, dass wir hier in diesem Sein wirken dürfen, uns selbst ausdrücken können, wenn wir uns in unserem Gesamtausdruck wahrnehmen. Wir leben dann einfacher, freudvoller, und vor allem ist es ein befriedigendes, durch nichts zu ersetzendes Gefühl, sich selbst auszudrücken. Nur du selbst kannst es dir gönnen und diese Eigenschaft deines Selbstes dir und den anderen hier jeden Tag immer wieder aufs Neue zum Geschenk machen.

Erlaube dir zu sein, erlaube dir die Liebe, vor allem zu dir selbst, und erlaube dir, dich selbst zu leben und darzustellen. Nur du selbst hast die Frequenz, die dich ausdrückt! Jeder von uns hat eine ganz bestimmte Frequenz der Liebe zu geben, und genau diese Frequenz wird von jemand anderem gesucht oder gebraucht. Das ist die Arbeit in der Gemeinsamkeit, ein gemeinsames Schaffen und Wirken in der Einheit für alle, die das neue Sein leben möchten. Damit ist der Verbund und das Band der Gemeinsamkeit hier sichtbar für all diejenigen, die jetzt den neuen Weg des Neuen Seins begehen möchten. Nur jeder Einzelne selbst hat die Kraft, sich und sein Leben zum Ausdruck zu bringen oder nötigenfalls so zu verändern, dass eine vollständige Darstellung seines Selbstes erfolgen kann. Wir haben alles in uns, wir müssen es uns nicht erwerben, sondern uns nur ermöglichen, es herauszulassen und auszudrücken und uns selbst die Freude schenken, es zu leben und auszudrücken.

Mit der Hand auf dem Herzen kann man aus der Perspektive der All-Einheit schauen

Was wir zum Ausdruck bringen wollen, ist in uns. Was wir hier leben wollen, ist ebenfalls in uns. Nichts Neues wird hinzugefügt, nur das, was wirklich in uns ist, will sich hier leben und ausdrücken. Die neue Zeit hat begonnen! Die Erde ist jetzt sichtbar dabei, sich abzulösen und hat bereits eine Distanz zur alten Energie hergestellt. Das ist die Wahrheit.

Jetzt ist es wichtig, sich selbst zu leben und das zu integrieren, was jetzt in diesem Universum stattfindet. Es ist eine neue Ausdrucksform präsent, die der Ausdruck der All-Einheit ist. Wir sind hier in dieses Sein eingetaucht, um eine neue Zeit zu erschaffen. Die Zeit derer, die hier all die Jahre die Geschicke der Menschheit geleitet haben, ist vorbei. Jetzt soll hier eine höhere Ebene Fuß fassen, und diese Ebene trägt jeder von uns in sich. Diese Seinsebene wollen wir hier ausdrücken und manifestieren, und dazu gehört natürlich die Liebe zu sich selbst. Diese Liebesfrequenz wird hier gebraucht, um der All-Einheit Ausdruck zu geben. Diese Einheit kann nur in der Liebe schwingen und nur die reine Kraft des Reinen Geistes ausdrücken. Somit ist klar erkennbar, dass die All-Einheit hier das Wort führt. Wieso die All-Einheit? Die All-Einheit ist die Quelle allen Seins.

Wir sind hier in diesem Sein, um diese neue Energie in die alte, vorhandene Frequenz hineinzutragen, damit diese verändert werden kann. Diese neue Frequenz dockt hier neu an beziehungsweise wird durch uns und mit uns neu angedockt, und deswegen ist es vonnöten, dass jede Wesenheit weiß, wer sie ist. Wenn uns klar ist, dass wir eine geistige Wesenheit sind, fühlen wir uns anders und setzen uns andere Ziele, als wenn wir uns nur so groß fühlen wie unser physischer Körper.

Die geistige Kraft steht über dem irdischen Sein und der irdischen Frequenz und sieht immer das Ganze. Der All-Eine Ausdruck wird zugänglich, indem man sich die Hand auf das Herz legt. Wenn wir aus der Frequenz des Höheren Seins heraus in diese irdische Frequenz hineinschauen, so haben wir gleich den Unterschied vor uns und können sehen, dass sich überall im eigenen Umfeld kleines unwürdiges Zeug befindet, womit man uns dauernd in unserem Selbstausdruck zu behindern versucht. Wenn uns bewusst ist, dass es sich bei all diesen Dingen um kleines unwürdiges Zeug handelt, fühlen wir eine ganz andere Kraft in uns und bleiben in der Ruhe, weil wir wissen, wie wir mit solchen behindernden Faktoren umzugehen haben. Denn der eigene Selbstausdruck ist immer die überragende Kraft und höher gelagert als alles, was hier in der niederen Frequenz angeordnet ist. Die Manipulationen, mit denen man die Menschen bearbeitet, müssen ständig neu belebt werden, damit die Masse sie aufgrund der Wiederholung immer weiter ausdrückt. Wir aber sind in einer hohen Frequenz, und diese Frequenz bleibt hoch, solange wir sie dauerhaft in uns wachhalten und bewusst leben.

Wenn wir in unserer ganzen Kraft sind, haben wir diese hohe Frequenz immer parat und drücken sie aus. Sie legt sich dann immer über die hiesige niedrige Frequenz, breitet sich aus und verdrängt somit das Schattendasein des irdischen Seins. Unsere Seinskraft kommt aus dem reinen Geiste und hat nichts mit der niedrigen irdischen Frequenz zu tun. Wir möchten hier eine neue Seinsebene manifestieren, die dieser Frequenz entspricht. Kommt, wenn sich dumpfe und helle Töne mischen, dabei ein Wohlklang heraus, oder stören sich diese Frequenzen gegenseitig?

Es gibt nur dann ein neues Sein, wenn die Erde eine Neubelebung durch diese Frequenz des Reinen Geistes erfährt. Wenn diese neue Seinskraft sich ausbreiten kann, wird alles Dumpfe, Stumpfe und Taube verschwinden.

In seinem Herzen weiß jeder um diese innere Kraft. Jeder kann nur selbst der Meister des eigenen Seins sein. Jeder kann nur selbst sein Leben leben und trägt auch die Verantwortung dafür. Niemand kann den Selbstausdruck eines anderen für diesen leben. Jeder nimmt sich in Selbstliebe an und drückt sich aus – oder auch nicht. Niemand anderes kann Schuld daran sein, wenn jemand sich hier nicht manifestieren kann. Niemand hat dasselbe Bewusstsein wie ein anderer, denn als wir uns hier eingelassen haben, wollten wir dieses, unser bewusstes Sein, hier einbringen und in der Freiheit der geistigen Kraft die Einheit mit verkörpern. Jeder ist selbst der Verantwortungsträger für sich und seinen Selbstausdruck, und das Neue Sein kann sich nur manifestieren, indem diejenigen, die sich hier eingefunden haben, um das Neue Sein zu leben, sich auch so manifestieren, wie sie in Wirklichkeit sind, nämlich reine geistige Geschöpfe mit großem und starkem Ausdruck in einer hohen Frequenz. Wenn uns dies in jedem Moment unseres alltäglichen Seins bewusst ist, können wir vertrauensvoll leben, was wir selbst sind.

Alle deine Helfer auf der feinstofflichen Seite sind mit dir im Bunde

All das, was ein jeder von uns lebt, und all das was er oder sie manifestieren möchte, hat jeder von uns für sich selbst hergestellt. Wir haben uns hier für dieses Sein unseren individuellen Weg entsprechend vorgestellt und mit all denen besprochen, die hier mit uns sind, und auch mit denen, die uns auf der feinstofflichen Seite begleiten. Unsere Wesenheit will sich leben und ausdrücken. Wir sind Wesenheiten des Lichtes und sollten an der Kraft des Reinen Geistes angeschlossen bleiben. Jeder von uns hat ja für sich selbst gewählt, dass diese Kraft für ihn oder sie hier wirkt und arbeitet und sich durch uns hier manifestieren möchte. Wir wollten ein Neues Sein mit erschaffen, auch für all die anderen Wesenheiten, die jetzt Liebe und Licht leben und in einer neuen Seinsform die Kraft, die Liebe und die reinigende Essenz der All-Einheit spürbar erleben und bewusst ausdrücken möchten.

In unserem Lebensalltag gibt es immer wieder Situationen, wo wir vor uns selbst weglaufen, nicht mehr fühlen, wer wir eigentlich sind und was wir hier wollen. In einem solchen Augenblick sollten wir uns sofort zurückerinnern an unsere ureigene Kraft, die immer von unserer Wesenheit aus hier in dieses Sein hineinfließt und uns in dem Maße stärkt und nährt, wie wir uns erlauben, uns selbst zu leben und auszudrücken. Wir sind Wesenheiten des Lichtes, große Wesenheiten des lichtvollen und reinen Seins und immer angedockt an die Einheit, die Freiheit des Reinen Geistes. Wir haben diese Essenz direkt und augenblicklich zur Verfügung, sowie wir es wollen. Dann ist diese Kraft in uns präsent, und wir können sie förmlich in allen Poren, in allen Zellen unseres physischen Körpers spüren.

Sowie ich weiß, wer ich bin, und mich im Lebensalltag nicht an der kleinen äußeren Form festhalte, sondern mich immer mehr in meiner geistigen Form erlebe, wirkt sofort die All-Einheit mit mir zusammen in Gemeinschaft, so dass ich hier eine verstärkte Form der Einheit ausdrücken kann. Umgekehrt ist es so, dass jemand, der nicht in seiner Ganzheit hier zugegen ist, sich hier missverstanden oder unverstanden fühlt, getrennt und abgeschnitten. Wenn man sich dann, von allem getrennt, in eine Situation hineinbewegt, sieht diese ausweglos aus. Unser Ziel ist immer so, dass wir uns selbst leben möchten, und dies ist der Grund, warum wir hierhergekommen sind. Die Liebe unserer geistigen Form ist groß, aber unsere persönliche Liebe reicht, wenn wir sie nur an den Körper binden, nicht aus, um das ausdrücken zu können, was wir wirklich wollten und was jeder von uns wirklich ist. Niemand kann einen anderen Menschen daran hindern, sich selbst zu leben, und niemand und nichts wird einen anderen Menschen daran hindern, sich nicht zu leben. Jeder trägt die Verantwortung für sich selbst. Alle unsere Freunde, alle unsere Helfer auf der feinstofflichen Seite sind mit uns im Bunde, sie sind nie gegen uns tätig. Im Gegenteil, sie helfen uns, uns hier in unserer wahren Seinsform zu manifestieren, damit wir und sie gemeinsam die neue Seinskraft erschaffen können.

Die Einheit trägt uns. Wir sind getragen und in der Kraft der All-Einheit eingebunden, wenn wir es uns erlauben, sie zu leben und sie auszudrücken. Jeder bestimmt allein, was er oder sie leben wird und leben will, und welchen Weg er gehen möchte. Es ist so wichtig, die selbsterhaltende Kraft des eigenen Selbstes zu leben und auszudrücken, so dass wir in der Verantwortung unseres Selbstausdrucks hier tätig sind. Die neue Seinskraft hat begonnen, sich hier auszubreiten, und indem wir es uns erlauben, diese neue ausdrucksstarke Kraft hier auf Erden auszudehnen, werden wir in der einheitlichen Kraft des Geistes jeder unseren individuellen Weg gehen können. Die Einheit ist mit uns.

Die morgendliche Meditation und Innenschau stärkt uns für den ganzen Tag

Wer beginnt, mit sich und seinem Lebensziel zu arbeiten, empfindet Wärme und Liebe zugleich. Dieses ist der Moment unseres intimsten Seins mit uns selbst. Jeder von uns hat selbst die Spielregeln festgelegt und ist selbst der Programmierer seines Selbstziels. Unsere Identität hat uns bis hierher in dieses Sein geführt, um die wahre Liebe zu leben und die Liebe des All-Einen hier in Vollkommenheit zu manifestieren. Die Liebe ist der Friede mit sich selbst, die Harmonie des Augenblicks in der Vereinigung des Selbstes mit allem Sein.

Das Leben eines jeden Einzelnen ist in Gefahr, wenn er sich selbst verlässt; wenn er nicht mehr mit sich verbunden ist und dem anderen Weg der Gegebenheiten, die hier in diesem Sein sind, folgt.

Wer in sich selbst ruht, hat die Kraft und ist an das All-Eine Sein angebunden.

Aber wer nicht mit sich selbst im Bund und im Kontakt ist, wird wie ein Blatt im Wind hin und her geschaukelt durch die Manifestationen derer, die hier die irdische Seinskraft, und zwar nur die irdische Seinskraft, benutzen, um die Menschheit zu beuteln, zu diffamieren und zu begrenzen.

Wenn uns bewusst ist, dass wir geistige Wesen sind, die dem Licht entstammen, können wir eigentlich nur unserer inneren Kraft folgen, unserem Herzen und der Sehnsucht, das Licht und die Reinheit des Geistes hier manifestieren zu wollen. Alle Liebe ist in uns gespeichert, und jeder von uns will diese Liebe ausdrücken und leben. In der Vergangenheit haben wir hier im irdischen Sein den rein irdischen Angeboten oft nicht widerstanden, sondern haben uns einnehmen, benutzen und auch in die Irre führen lassen.

An diesem Punkt, an dem wir jetzt angekommen sind, muss jeder sich entscheiden. Wir sollten uns für uns selbst entscheiden – für unsere individuelle Manifestation, für uns selbst, denn wir wollen unsere eigene Göttlichkeit, unseren individuellen Selbstausdruck leben und damit die neue Gemeinschaft, die hier existieren wird, stärken. Daher ist es so wichtig, dass wir uns vielmals täglich bewusst in unserer Ganzheit erleben und sie immer im Sinn haben, während wir in unsere irdische Arbeit eingebunden sind und trotz allem uns selbst ausdrücken.

Man braucht diese Kraft, diesen Anschluss an das All-Eine Sein, und man braucht den Ursprung der eigenen Quelle hier in diesem Sein, damit die Kraft des All-Einen uns nicht nur verjüngt, sondern wirklich die Manifestation eines kraftvollen Ausdrucks wiedergibt, damit wir hier unsere Aufgabe erledigen können. »Wiedergeben« bedeutet, dass wir in der feinstofflichen Welt automatisch an die Quelle allen Seins angebunden sind, dass diese Kraft in uns fließt und wir all das, was wir uns wünschen und was wir verändern wollen, auch in die Tat umsetzen können.

Es ist wichtig, uns daran zu erinnern, dass wir uns an die Quelle andocken und so selbst mit der Kraft versorgen können, die aus der All-Einheit fließt, damit unser Körper und unsere Herzenskraft gestärkt sind und damit wir auch in der Kraft des Glaubens die Unterstützung finden, die wir brauchen, um uns hier zu manifestieren.

Nur wenn wir wissen, wer wir sind, uns zuschauen, wie und was wir leben und uns in die Einheit des Reinen Geistes eingebunden fühlen, kann die Einheit sich hier so manifestieren, wie es wahrhaftig der reinen Kraft des All-Einen Seins entspricht. Erlebe dich fortwährend im Alltag in dieser deiner Kraft und in der Anbindung an die reine Quelle allen Seins und an das All-Eine Vollkommene deines Selbstes, das die Liebe und die Kraft der Reinheit widerspiegelt.

Jetzt ist der Augenblick gekommen

Jetzt ist der Augenblick da, wo wir das, was wir sind, wirklich leben sollten, um den Weg in dieses Neue Sein auch begehen zu können.

Wenn wir in das vertrauen, was wir sind und alle verformenden Manipulationen hinter uns lassen, kann jeder von uns hier die Kraft der Reinheit ausdrücken.

Aber wir erlauben uns die Liebe zu uns selbst noch nicht in vollem Umfang. Wir erlauben uns nicht, unsere Seinskraft hier in diesem Sein zu leben und auszudrücken. Wir sind immer noch an das alte Prinzip der Erziehungsmethoden dieser Seinsebene gebunden und haben uns noch nicht vollkommen davon befreit, um das zu leben, was wir wirklich sind. Nur wenn wir uns jeden Tag aufs Neue erlauben, uns in unserer Kraft zu sehen, uns in unserer Kraft auszudrücken, erfahren wir wirklich das, was wir hier in Wahrheit darstellen, das, was wir sind.

Wenn wir versuchen würden, die Liebe, die uns hierher geführt hat, zu ersticken, würden wir krank werden, und unser Selbst würde sich durch diese kranke Wesenheit nicht ausdrücken können. Denn die Liebe und das Licht dieses Universums stellen die Seinskraft dar. Wenn wir sie unterdrücken, dann kann sich nur unvollkommener Ausdruck hier in diesem Sein zeigen, und diese Unvollkommenheit spiegelt sich dann durch Krankheit in unserem Körper wider.

Unser Vertrauen muss also uns selbst gelten und dem, was wir sind, nicht den anderen, die uns hier in dieser Seinsebene beherrschen und missbrauchen. Sie sind auf der feinstofflichen Ebene gar nichts und brauchen äußere Machtsymbole, um etwas im Außen darstellen zu können. Aber wer wirklich des Lichtes ist, trägt alles in sich: die Kraft, die Ausdauer, den Verstand, den es braucht, um in dieser Seinsebene zurecht zu kommen. Das Herz lenkt und leitet uns, und die Helfer an unserer Seite können uns stabilisieren, damit jeder von uns hier in diesem Sein seinen eigenen Ausdruck finden und leben kann.

Wenn wir uns immer wieder aufs Neue in unserer Ganzheit erleben und nur uns selbst vertrauen, wird das Neue Sein eine Realität im Lebensalltag. Wenn wir es wagen, uns zu leben, werden wir sehen, dass wir alles, was wir benötigen, in uns verankert finden, so dass wir es aus unserem Innersten nach außen tragen können und sämtliche Informationen, die wir benötigen, immer über das Herz erhalten.

So können wir uns auf dieser Ebene nicht nur bewähren, sondern uns auch einfacher und ohne großen Kraftaufwand leben und ausdrücken.

Wenn jemand versucht, uns wieder die alte Manipulation einzureden, wir würden eigentlich nichts darstellen, sollten wir ihm keinen Glauben schenken – denn die Wahrheit ist: Wir sind Liebe und Licht. Liebe und Licht lassen sich nicht in eine kleine, enge Form pressen, sondern reichen immer darüber hinaus. Wenn uns bewusst ist, wer wir sind, achten wir uns in unserer Kraft, als kraftvolle Wesenheit, die das, was sie ist, hier einbringen möchte. Denn wir wissen, dass die anderen Wesenheiten, die jetzt aufstreben, unsere Energie benötigen, um heil zu werden, um auch ihren Ausdruck zu finden und vor allem, um an eine neue Zeitebene andocken zu können.

Liebe dich und vertraue dir – nur dir –, denn du bist das Göttliche Prinzip, das sich hier in dieser Seinsebene befindet, um das auszudrücken, was dieses Universum ist: nämlich ein Ausdruck der wahren, reinen Liebe des All-Einen Seins.

Kapitel 6
Selbstliebe ist der Schlüssel für das Neue Sein

Liebe hat uns hierher geführt, und unsere zeitweilige Einsamkeit kommt daher, weil wir nicht genügend Kontakt mit uns in der Einheit haben. Der Satz: »Das liebevolle Sein beginnt mit dir«, bedeutet, dass wir nicht nur unsere Körperlichkeit fühlen sollen, sondern auch das, was wir sind, nämlich eine geistige Kraft in einem körperlichen Sein. Wir wollten hier in dieses Reich des dunklen Seins, hier in die Dunkelheit unser Licht tragen, um ein Neues Sein mit begründen zu können. Aber wer sich in der Trennung befindet, ist nicht im vollkommenen Kontakt mit sich, weil nämlich etwas von dir zu dir unterbrochen ist. Die Einheit beginnt erst dann, wenn wir mit uns in vollem Kontakt sind. Wenn wir den Kontakt mit uns selbst immer und überall aufrechterhalten, dann erreicht uns das, was wir lernen sollen und müssen, damit es eine neue Seinsebene geben kann.

Viele haben in der Vergangenheit bereits die Erfahrung gemacht, dass uns eine ganz andere Kraft durchrieselt, wenn wir den vollkommenen Kontakt mit uns aufgenommen haben und uns somit in der Einheit unseres Seins eingebettet fühlen. Dies soll ein Dauerzustand werden, der nie mehr abreißt. Wir sind dann mit der neuen Seinskraft verbunden, die uns fördert und uns immer fortwährend an die Quelle der All-Einheit anleint.

Jeder von uns ist Liebe und ist es wert, die Gesamtheit des Seins hier auszudrücken. Und wenn wir es wollen, ist es uns erlaubt, dies immer und überall zu tun. Dafür ist es wichtig, dass wir wissen, wer wir sind und dass wir nicht nur die Teilessenz der Einheit sind, sondern auch in uns selbst eine Einheit darstellen. Unsere Einheit besteht aus der geistigen Form, von der ein Teilaspekt in ein irdisches Kleid, ein irdisches Werkzeug gehüllt ist. Wenn wir die gesamte, vollkommene Kraft der All-Einheit hier leben möchten, dann müssen wir dies immer in dem Bewusstsein des All-Einen Seinsausdrucks tun, der jeder von uns ist. Das ist schön und harmonisch, und das Vollkommene unseres Selbstes lässt uns in Frieden leben. Es gibt uns Harmonie, Freude und vor allem die ausdauernde Kraft, um hier unsere Aufgabe erfüllen zu können. Dann steht uns nicht nur der Teilaspekt unseres körperlichen Seins zur Verfügung, sondern all unsere Seinskraft.

Über die physische Form wird sich die Form unseres liebenden Selbstes hier ausdrücken können, wenn wir in unserem Lebensraum unserer Arbeit und unseren alltäglichen Pflichten nachkommen, sie leben und ihnen Form geben. Dann beflügelt uns unsere eigene, vollkommene Seinskraft, einiges zu verändern, und wenn wir uns dem hingeben, werden wir merken, dass alles leichter geht, dass wir fröhlicher sind und auch weniger Zeit benötigen, weil diese beflügelnde Kraft durch uns fließt. Unsere Sichtweise ändert sich, und wir treten aus dem »Kleinkrämerdenken« heraus. Die Hinterlassenschaften der Manipulationen der Vergangenheit verflüchtigen sich und werden mehr und mehr aus unserer physischen Substanz herausgeschwemmt. Wir können uns dann in einer anderen Kraft leben und ausdrücken. Unsere Seinsform erlaubt es jedem einzelnen von uns. Gerade jetzt, wo viele Faktoren unseren Körper beeinträchtigen, können uns, wenn wir in unserer eigenen Kraft sind, störende Frequenzen nichts mehr anhaben und uns nicht mehr einschränken, denn unsere Kraft und unsere Frequenz ragen weit darüber hinaus.

Wer sich selbst findet und lebt, fühlt sich nicht mehr einsam und getrennt. Auch wenn man allein ist, wird man sich dann als ausgefüllt wahrnehmen und sich in die Mehrheit und All-Einheit eingebunden fühlen. Dieses Geschenk sollten wir uns selbst machen, es uns erlauben und leben. Der Wunsch deines Selbstes wird sich dann deiner Seinskraft bemächtigen und wird das ausdrücken, was du in deiner feinstofflichen Wesenheit wirklich bist. Die Liebe unseres Selbstes, unseres übernatürlichen Seins, wird die Welt verwandeln und der Grundstein für eine neue Frequenz, eine neue Lebenskraft, einen neuen Lebensausdruck sein. Das geschieht, wenn wir uns erlauben, das zu sein, was wir wirklich sind.

Die neue Welt existiert bereits und ist bereits präsent. Jetzt muss sie sich immer stärker verwandeln, so dass sie für diejenigen sichtbar wird, die dann in dieser Seinsebene leben werden. Das geschieht Tag für Tag immer mehr, die neue Welt nimmt immer mehr zu und ist bereits eine Tatsache, die nicht erst noch werden muss. Für diejenigen, die sich hier lediglich als eine physische Wesenheit fühlen, wird es recht schwierig sein, diese neue Seinsform zu betreten.

Deswegen ist es so wichtig, dass jeder von uns sich Tag für Tag in der Vollkommenheit des eigenen Selbstes, des eigenen göttlichen Ausdrucks hier lebt und das ausdrückt, was er oder sie wirklich ist. Es geht dabei um Reinheit und Vollkommenheit (das Dunkle ist hier bereits im Übermaß präsent) und um das, was werden soll und sich hier von dieser Ebene aus neu gestalten muss. Der Reinheitsgrad und die Quelle des All-Einen Seins wollen sich hier ausbreiten und die Transparenz und die Klarheit des All-Einen Schöpfers hier in dieses Sein bringen.

Unsere Liebe ist groß, denn sie hat uns alle hierher geführt. Wir konnten jedoch in der Vergangenheit unsere eigene Liebe, die unsere Göttlichkeit widerspiegelt, nicht bemerken, weil wir so stark manipuliert waren. Deshalb haben wir uns immer nur isoliert und allein gesehen. Wir haben uns nie in der Größe unseres Selbstes gespürt und fühlten uns alleingelassen von unseren Geschwistern auf der feinstofflichen Ebene. Aber das ist nicht die Wahrheit! In Wahrheit sind wir in die All-Einheit eingebunden und mit den vielen, vielen Wesenheiten zusammen, die mit uns gemeinsam in das irdische Sein eingetreten sind, um jetzt hier eine neue Seinsebene zu gestalten. Sie sind mit jedem von uns Seite an Seite hier tätig. In der Größe ihres Selbstes stehen sie an unserer Seite, und deswegen ist es jetzt wichtig, dass auch wir im Bewusstsein unserer wahren Größe an ihrer Seite stehen, denn nur so können die feinstofflichen Energien der Vollkommenheit und der Reinheit hier in dieses Sein hineinfließen.

Die Seinsebene, die wir verkörpern, wirkt hier nährend und bildet gleichzeitig die Essenz, von der verschiedene Wesen sich angesprochen fühlen. Die Seinskraft deiner Ebene hier beinhaltet eine bestimmte Frequenz, die mit dem Frequenzbereich des Gesamten schwingt und all diejenigen erreichen kann, die den Weg des Lichtes und der Liebe begehen wollen.

Wenn du dich in deinem Gesamtausdruck befindest, kann eine ganz ausgewogene Kraft durch dich hier in dieses Sein fließen. Bist du jedoch in der Trennung mit dir, kann sie nicht hier hineinfließen. Dieses Einssein mit sich selbst braucht bewusstes Verständnis und viel Übung. Dann können wir es in Vollkommenheit täglich beständig leben, indem wir uns dem eigenen Selbst hingeben und uns die Möglichkeit geben, uns in unserer Ganzheit auszudrücken und das zu leben, was wir wirklich sind, nämlich Reinheit, Klarheit, Wahrheit, Weisheit, Vollkommenheit, Freude, Liebe, Frieden, Harmonie und der all-eine Ausdruck der schöpfenden Kraft des All-Einen.

Dies alles zu leben ist jetzt wichtig, damit die neue Seinsebene immer greifbarer und ausdrucksstärker wird für das, was jetzt gebraucht wird und damit es eine neue Zeitebene geben kann.

Wir sind es, die uns hier einbringen und die Wesenheiten, die unsere Frequenz benötigen, ansprechen und anziehen wollten. Der Moment ist nun da, dass es »jetzt« auch geschehen sollte und geschehen muss, damit das Neue, Reine sich hier massiv ausdrücken kann. Dafür ist es nötig, dass wir vertrauensvoll unseren wahren Aspekt leben und ihn in jedem Augenblick unseres Lebensalltags zum Ausdruck bringen.

Dein gesamter Selbstausdruck erschafft deine Realität

Wir sind Geistwesen, die hier im Körper wohnen, weil man den Körper dazu benutzen kann, um in der Materie zu wirken.

Wir sind einmalige, zusammenhängende Wesenheiten, die das Körperliche und das Geistige nicht trennen können, denn unser Körper funktioniert nur gemeinsam mit dem Geist. Der Geist bewegt unseren Körper, nie umgekehrt. Wir sind in dieser Seinsform hier, weil wir damit die Möglichkeit haben, für all unsere Mitmenschen, unsere Geschwister, hier in diesem Sein das auszudrücken, was des Geistes ist, die geistige Kraft, die geistige Information. Die reine geistige Information der Quelle wird hier in diesem Sein gebraucht und kann nur über den Körper hier in dieses Sein hineingebracht werden.

Deswegen versuchen die dunklen Kräfte, den Körper zu manipulieren und uns in der Trennung von uns selbst zu halten. Dies dient nur dazu, keine reine geistige Information hier in dieses Sein fließen zu lassen. Die All-Einheit will hier ein Neues Sein mit begründen, und die Einheit des All-Einen Seins will und muss sich in dieser neuen feinstofflicheren Ebene ausdrücken. Dies kann nur geschehen, wenn auch die neuen Informationen für ein Neues Sein durch uns hier in dieses Sein hineinfließen können, und zwar von der Ebene der reinen Quelle allen Seins aus.

Darum ist es für die dunklen Kräfte so wichtig, uns in der Trennung zu halten – von uns, von unseren Nächsten, vom Gesamtausdruck des All-Einen Seins. Daher unterbindet man bei uns all die Dinge, die natürlichen Ursprungs sind. Man will uns hindern, die irdische sowie die feinstoffliche Familie hochzuhalten und eine in sich selbst ruhende, tragende Kraft zu sein, die das Fundament sein wird für ein neues, erschaffendes Sein. Ein Sein, das die Vollkommenheit ausdrücken wird, ist vor allem von der Reinheit, von Liebe und Licht geprägt.

Deswegen ist es so wichtig, dass wir uns immer wieder mit unserem Gesamtausdruck verbinden und ihn hier präsentieren, damit es eine Gewohnheit wird und wir jederzeit in der Selbstverständlichkeit unseres gesamten Ausdrucks präsent sind. Das ist es, was jetzt wichtig ist und was ihr verändern müsst. Dazu benötigt ihr dieses Wissen, damit ihr das soeben Beschriebene auch umsetzen könnt. Solange wir uns getrennt fühlen und nicht die Familie und die Kraft der Einheit ausdrücken können, ist es uns nicht möglich, ein Neues Sein zu gründen. Im Alleingang liegt die Trennung vom Ganzen und eine Kraft, die immer mehr Trennung vorantreibt, so dass kein Neues Sein gegründet werden kann.

Jeder von uns präsentiert hier auf Erden die Einheit und

ist ein Gesamtausdruck der All-Einheit, eine feinstoffliche Wesenheit, die den Körper braucht, um in dieser Materie wirken zu können. Nur deswegen haben wir den Körper. In der Anbindung an die Quelle allen Seins können wir diese Kraft vertrauensvoll hier in dieses Sein hineinfließen lassen.

Mit dem Herzen kann ich verstehen, wer ich wirklich bin

Wir können nur in ein Neues Sein eintreten, wenn wir die alten Verhaltensmuster, die nicht zu uns gehören, sondern manipulativ in uns hineingepflanzt worden sind, abstreifen. Ihretwegen leben wir immer noch im Zwiespalt und ohne echtes Vertrauen zu uns selbst. Das ist nur zu ändern, wenn man sich vom Herzen aus lebt. Nur über das Herz haben wir den Kontakt zu uns und erfahren, wer wir sind; nur über das Herz haben wir Anschluss an unsere eigene Kraft, an unser Potenzial und an das Potenzial des All-Einen Seins.

Werde dir bewusst, wer du bist. Dann hast du auch die Schöpferkraft hier in aktiver Form präsent. Sie kann genutzt werden, um das Gewünschte zu manifestieren und aus den Manipulationen der dunklen Kräfte auszusteigen.

Die Struktur dieser Manipulation führt dazu, dass wir uns nicht mehr erkennen, sondern eine vernebelte Vorstellung von unserem Seinsaspekt haben und uns nur noch mit unserem Körper gleichsetzen. Wir vergessen, was wir in Wirklichkeit sind, nämlich eine geistige Wesenheit, die hier einen Körper benutzt, um in diesem Sein aktiv etwas zu bewerkstelligen. Jeder von uns findet alle Antworten in sich selbst. Diese Fähigkeit müssen wir aktivieren und unsere Lebenskraft dahingehend einweisen, dass wir immer in unserer Seinskraft präsent und immer an das All-Eine Prinzip angeschlossen sind. So erhalten wir immer die Information und die Kraft, die wir für diese Seinsebene brauchen, um das zu manifestieren, was wir tatsächlich sind. Verstehen wir es mit dem Herzen, dann erhalten wir all das, was uns fehlt, um uns hier im irdischen Sein leben und auszudrücken zu können.

Die Gehirnwäsche in Form ständig wiederholter Manipulation hat unsere Ansichten über uns und die hiesige Welt verändert. Die Darstellung des irdischen Seins als das alleinige, allwissende, all-ewige Prinzip ist einfach eine Maßnahme derer, die uns benutzen und uns als Nahrungsquelle missbrauchen.

Diese Kräfte wollen nicht, dass wir in unsere Seinsform kommen, wir sollen nicht unsere Kraft leben und vor allem nicht wissen, wer wir wirklich sind. Wir sollen von uns und unserem Gesamtausdruck sowie von der Quelle Allen Seins getrennt werden.

Sind wir erst hier in dieser Welt des grauen, lichtfernen Seins eingeschlossen, ist es recht schwierig, sich von dieser manipulierten Denkart zu befreien. Wir versuchen es über den Verstand, indem wir anderen zeigen wollen, wie brav und wie gut wir sind, indem wir uns ausnutzen, schlecht behandeln und erniedrigen lassen. Wir leben nur noch nach dem einen Satz: »Ich möchte doch geliebt werden, und deswegen tue ich alles, was man von mir verlangt.« So zu denken und sich so behandeln zu lassen, ist aussichtslos und unserer nicht würdig.

Stattdessen können wir in den kraftvollen Anschluss an das All-Eine Sein in unserem Herzen vertrauen. Über diesen Punkt unserer Herzfrequenz kann alles Wissen abgerufen werden und somit in dieses Sein hineinfließen. Es soll uns lenken und leiten und vor allem davor bewahren, ein manipuliertes Sein zu leben. Wenn wir hier eine neue Einheit erschaffen wollen, müssen wir diese korsettartig um uns geschnürten Verhaltensmuster abstreifen. Denn nur in der Freiheit unserer geistigen Kraft können wir Neues schaffen und Neues manifestieren. Wir sind Wesenheiten des Lichtes, die aus dem Ewigen Sein hier in das irdische Sein gekommen sind, um eine Veränderung herbeizuführen.

Über das Herz sind alle Antworten für dich zugänglich. Du bist das Ich Bin deines eigenen Seins und drückst über das Ich Bin die Göttliche Seinskraft aus. Dies gelingt, wenn dir bewusst ist, dass du dich über die Liebe, das Licht und die Akzeptanz hier in diesem Sein in der Gesamtheit deines schöpferischen Ausdrucks präsentierst. Liebst du dich so, wie du wirklich in der Reinheit des Geistes bist, kannst du das manifestieren, was dem Gesamtausdruck der All-Einheit entspricht. Eine Neue Seinsebene kann nur so entstehen und niemals aus den alten, dunklen, unaufrichtigen Daseinsformen. Und deswegen ist es wichtig, dass das Reine sich über unsere Seinsform zeigt und ausdrückt, die uns vom Herzen aus lenkt und leitet, um all das, was hier gebraucht wird, in dieses Sein hineinfließen lassen zu können. Vertraue, und lebe Dich und nicht das, was artfremd an dir ist.

Das Leben eines jeden Einzelnen ist in Gefahr, wenn er nicht in der Lage ist, sich selbst zu leben und auszudrücken. Warum?

Ganz einfach, weil wir dann krank werden. Unser Selbst leidet darunter, wenn es sich nicht durch uns ausdrücken kann. Sämtliche Dinge, die wir nicht mental und geistig verarbeiten, präsentieren sich in unserem Körper als Krankheit. Wir erkranken, weil die Energien nicht fließen können. Wir sind fest mit unserem Körper verbunden, und dieser Körper ermöglicht uns, hier in der Materie zu leben. Jeder Körper ist davon abhängig, ob die Wesenheit, die diesen Körper dirigiert, mit ihrer Göttlichkeit in Kontakt ist. Wenn es diesen Kontakt nicht gibt, siecht der Körper stumpf dahin.

In Verbundenheit mit der All-Einheit können Kraft, Liebe und Freude in unser Leben einfließen. Wir sind dann mit uns selbst im Bunde und auf der Ebene der sich durch uns ausdrückenden höheren Kraft tätig. Das heißt: Jeder ist mit sich selbst und der eigenen Schwingung konfrontiert und in ihr tätig, um das zu leben, was er in dieses Sein mit hineinfließen lassen möchte, um einen Schwingungsbogen zu erschaffen, der seiner ureigenen Energie entspricht. Wer seinen Selbstausdruck nicht findet, dessen Energien können nur eingeschränkt hier in dieses Sein fließen und werden im Außen ein eingeschränktes Dasein präsentieren. Du bist dann nicht in deiner vollen Kraft und nicht in deinem vollen Selbstausdruck; nur aus deinem Gesamtausdruck kann das, was du wirklich bist, hier in dieses Sein hineinfließen.

Liebe und die Verbundenheit mit der Einheit, mit dem All-Eins-Sein, haben uns hierhergeführt. Wir wollen hier auf Erden ein Neues Sein ausdrücken und manifestieren, das ebenfalls von Liebe und Verbundenheit mit dem All-Eins-Sein charakterisiert ist. Dies geschieht, indem wir uns erlauben zu sein und uns so zum Ausdruck bringen, dass all diejenigen, die uns ähneln oder unsere Energie brauchen, davon angesprochen werden, um sich selbst ebenfalls in die neue Seinskraft einbinden zu können.

Wenn wir einen Schritt auf diesem Weg in unseren Selbstausdruck nicht machen wollen, zeigt sich das behindernd in unserem Körper. Wollen wir uns zum Beispiel selbst nicht lieben, zeigen sich die blockierten Gefühle durch äußere Symptome oder sogar durch Krankheiten, weil sie nicht im Fluss der Einheit schwingen können. Vielleicht ist es die Niere, vielleicht die Blase, oder auch das Herz, und so weiter. Unser Körper weiß Bescheid, und wir können ihn nicht belügen. Er lässt es nicht zu. Denn letztlich bestimmt er selbst, ob er diese Krankheiten für uns austrägt und uns so deutlich vorführt, was nicht in Ordnung ist, oder ob er in ein Siechtum verfällt, weil er nicht in die Lebenskraft der All-Einheit eingebettet wurde.

Wir sind Licht und Liebe, und wenn wir uns weigern, uns hier auszudrücken, wenn wir nicht mit uns selbst im Bunde sind, wird unser Körper streiken. Denn wenn wir uns selbst nicht leben, was wollen wir dann in diesem Sein? – Wofür gaben wir uns dann selbst die Erlaubnis, hier auf Erden zu sein? Es ergibt keinen Sinn. Und letztlich schaden wir nicht nur uns selbst, sondern auch den anderen.

Unsere Lebenseinheit, Körper und Geist, möchte Alles von sich zeigen und nicht nur die eingeschränkte Form, die wir uns zu leben erlauben, solange wir in einer manipulierten Welt das Manipulierte aufrecht zu erhalten versuchen, um nicht mit uns und unserer Selbstverantwortung konfrontiert zu werden.

Die individuelle Seinsform eines jeden prägt das Neue Sein

Wir sind in unserer Seinskraft, wenn wir uns selbst erlauben zu sein. Was bedeutet »zu sein«? Das bedeutet, dass wir uns voll bewusst erlauben, unsere Gesamtheit, bestehend aus Körper und Geist, im »Hier und Jetzt« zu leben. Dann spürt jeder, wenn er uns sieht, dass wir in unserer erhabenen Kraft vor ihm stehen. Fühlen wir uns in der Trennung, sind wir auch wirklich klein, aber wenn wir in unserer Ganzheit präsent sind, haben wir sehr viel Kraft vorzuweisen und einen kräftigen, starken Selbstausdruck, der von allen wahrgenommen und gespürt wird, ob sie das nun äußern oder nicht. Daher ist es so wichtig, dass wir im Lebensalltag immer die Ganzheit für uns herstellen.

Wir können nur weitergehen, wenn wir täglich üben, uns an die Quelle allen Seins anzuschließen. Dieses Kraftpotenzial der All-Einheit können wir hier in diesem Sein benutzen, ausdrücken und es auch in unser Umfeld einfließen lassen. Das hilft all den Wesen, die davon berührt werden, den kleinen Pflanzenwesen wie den Tieren. Alle, die sich in der Liebe und dem Licht des All-Einen wohlfühlen, profitieren davon.

Unsere Persönlichkeit ist von der Reinheit der geistigen Kraft geprägt, aber das, was wir hier im Tagesbewusstsein leben und teilweise auch forcieren – sind oft diese manipulativen Familien- und Umfeldtraditionen, die sich immer wieder selbst beleben und ausdrücken. Das sind aber nicht wir selbst und diese Traditionen besitzen nie die Kraft, die eigentlich zu uns gehört. Wir haben diese höher schwingende Kraft, weil sie aus unserem Höheren Sein hier in dieses Sein fließt. Das andere hat diesen niedrig schwingenden Bogen, der nicht zu uns gehört und nicht aus unserer Seinskraft kommt.

Die Liebe zu uns selbst ist der Wegweiser. Wir können niemandem irgendetwas geben, wenn wir es uns selbst nicht geben. Nur dann, wenn wir uns selbst lieben und uns selbst Aufmerksamkeit und Anerkennung schenken, können wir auch unserem Nächsten etwas vermitteln. Sonst können wir unserem Nächsten höchstens Essen und Trinken geben und alles, was auf der materiellen Ebene möglich ist, aber nichts von unserer wahren geistigen Essenz, nicht einen einzigen Partikel. Das geht nur, wenn wir unsere Selbstliebe klären und die Vollkommenheit unseres Selbstes leben und immer mehr zum Ausdruck bringen. Ohne Liebe zu uns selbst haben wir auch keine Liebe für irgendjemand anderen.

In der Folge wollen die anderen immer mehr und mehr von uns haben. Sie haben Recht, weil wir nämlich nur auf der materiellen Ebene geben. Wenn wir diesen Zusammenhang erst einmal verstanden haben und beherzigen, dann wird auch unser Lebensalltag besser erträglich. Wir kommen mit unserer Kraft nicht so herunter und versinken nicht in Kraftlosigkeit, sondern fühlen uns kraftvoller, können allen begegnen und mit allem Sein gut leben und auskommen. In dieser Verbundenheit besitzen wir nicht nur die Kraft, sondern auch das feine Wissen der All-Einheit, die uns immer die Informationen vermittelt, wie wir uns selbst am besten zum Ausdruck bringen können. So wissen wir, was wir unserem Nächsten am besten geben und was unser Umfeld jetzt braucht, um in die Veränderung gehen zu können. Dies ist nur möglich, wenn wir mit uns selbst in vollständigem Kontakt und an die All-Einheit angeschlossen sind.

Nicht nur der Körper ist in dieses Sein gekommen, sondern der gesamte Seinsaspekt einer jeden Wesenheit. Der Körper ist gebaut worden, damit sie sich hier in diesem Sein ausdrücken kann. Nur aus unserer geistigen Wesenheit heraus können wir hier etwas ändern, etwas vorleben und ausdrücken. Es ist nicht der Körper, sondern ein Teilaspekt unseres Selbstes im Körper. Alle Manipulationen manifestieren sich eigentlich nur im Bereich des Grobstofflichen; die geistige Form kann nie geschädigt werden. Lediglich die Körper können weniger schön aussehen und die Gesichter stumpfes Sein ausdrücken, und auf der grobstofflichen Ebene können wir uns auch verletzt fühlen. Dann haben wir Schwierigkeiten, uns in unserer gesamten Seinsform zu sehen. Der Körper ist unser Instrument, und wir sollten unseren Körper lieben und ihm geben, was er braucht, damit er uns hier dienlich ist.

Das Wesentliche aber ist und bleibt die geistige Seinskraft, unsere geistige Form, die hier zum Ausdruck kommen muss. Sie sollte uns lenken, da sie Weg-bestimmend ist. Darum muss diese unsere eigene Kraft, diese Ursprünglichkeit, dieser starke Ausdruck unseres Selbstes hier in dieses Sein fließen, um uns auszudrücken und uns zu zeigen, wie wir ein Neues Sein manifestieren können.

Die neue Seinsebene wird durch uns geprägt, indem wir uns in der höheren Schwingung unseres Seins ausdrücken. Sie kann nur von höher schwingenden Energieformen erschaffen werden, weil sie selbst eine höher schwingende Energie mit höher schwingenden Energieformen ist. Die dichten Energieformen können diese höhere Energie nicht formen und prägen; ein Neues Sein kann wirklich nur über eine höhere Qualität der Seinsform geformt werden. Es kann nicht aus der dichten, materiellen Sphäre heraus manifestiert werden. Unsere jetzige Erde gehört der Grauzone an und nicht dem Lichte. Sie ist eine dunkle Welt, in die wir Licht bringen. Deswegen wird jedes Licht und jede lichte Form auch sofort von den dunklen Kräften gesehen, und man versucht bei jedem von uns, das Licht zu ersticken und zu löschen.

Wollen wir das zulassen, oder wollen wir uns leben? Unsere Form der Lebenskraft, unser Selbstausdruck werden hier gebraucht, und die Seinsperspektive, die jeder von uns hatte, bevor wir hier in dieses Sein kamen, soll wieder sichtbar werden und hier ein Neues Sein formen.

Wir können unser Wissen über unsere Seinskraft aktivieren, indem wir uns ganz bewusst in unserer wahren Seinsform an der Quelle allen Seins angedockt sehen. Die Kraft der All-Einheit belebt hier unsere Seinsform und lässt uns die Kraft zukommen, die wir benötigen, um hier unsere Aufgabe erfüllen zu können.

Die wahre Erfüllung erlangen wir nur, wenn wir uns selbst leben und ausdrücken. Wir werden nie erfüllt sein, wenn wir uns selbst nicht erfüllen können.

Deine Seinsform ist hier in dieses Sein gekommen, weil deine spezielle Energie und deine feine Gedankenkraft, mit der du Neues formen möchtest, hier gebraucht wird. Sie wird einige Wesenheiten ansprechen können, die jetzt genau dieses Schwingungsmuster, diesen Selbstausdruck für sich benötigen, um ebenfalls in eine höhere Seinsform gehen zu können.

Erlaube dir zu sein, und lebe dein Herz. Gibst du dir selbst nicht, was du brauchst, und erkennst du nicht an, was du bist, dann kannst du es auch niemand anderem vermitteln. Das Gegenteil geschieht, denn man nimmt dich energetisch aus, weil du keinen Kontakt mit dir hast und weil sich deine Seinsform nicht in der geschlossenen, überragenden, ausdrucksstarken, vollkommenen Form hier manifestiert hat.

Vertraue in das, was du bist und nutze, was du hier erfahren hast, im Lebensalltag. Fühle dich fortwährend an die Quelle allen Seins angeschlossen, um diese Kraft und diese Information hier in dieses Sein hineinfließen zu lassen.

Kapitel 7
Im Ja oder Nein deines Herzens übernimmst du die Selbstverantwortung für dich und deinen Weg

Es ist einen Versuch wert, im Lebensalltag die alten Muster zu durchbrechen und sich nach dem auszurichten, was man wirklich ist. Aber Bequemlichkeit hält uns davon ab, und die Manipulationen haben unser System so verändert, dass wir nicht einmal merken, mit wem wir verbunden sind.

Die Einheit trägt uns. Die Einheit ist mit uns im Bunde. Sogar die Kraft des All-Einen ist mit uns im Bunde – aber wir fühlen uns trotzdem im Alltag oft abgeschnitten und abgeschottet von dem Zusammenwirken mit der »All-Einheit«. So haben die dunklen Kräfte uns manipuliert, denn wenn wir uns mit unserem gesamten Seinsaspekt in der Einheit mit unseren geistigen Helfern wirkend erleben würden, könnten wir uns hier nicht so ausgeliefert fühlen.

Das heißt, in uns wirkt die abtrennende Kraft derer, die hier herrschen. Dieses Gefühl der Getrenntheit ist uns so gründlich eingebläut worden, dass wir Schwierigkeiten haben, uns in unserer wahren, eigenen Daseinsform zu leben, auszudrücken und so zu präsentieren, wie wir wirklich sind. Unsere Seinskraft erlaubt uns den vollständigen Selbstausdruck – aber das, was wir aufgrund der langjährigen Manipulation im Alltag tatsächlich leben, was wir von uns halten und was wir glauben, darstellen zu müssen, hindert uns daran.

Wir haben ständig das Gefühl, mit uns, mit unserer Seinskraft und unserem Selbstausdruck würde etwas nicht stimmen. Die Manipulationen waren so übergriffig, dass wir uns hier nur in unserem unvollkommenen Aspekt wiederfinden. Wir selbst bezichtigen uns ständig der Unvollkommenheit.

Dieses System ist sehr raffiniert, und die Wirkungen der manipulativen Wortführung sind oft nicht sofort sichtbar. Inzwischen sind wir so geprägt, dass wir uns selbst beschuldigen, uns selbst erniedrigen, uns selbst beschmutzen. Viele negative Handlungen fabrizieren wir jetzt selbst, weil es uns so eingepflanzt wurde und natürlich unserem gesamten Umfeld auch.

Wir fühlen uns in einer stinkenden alten Brühe zu Hause, deren Gestank bis in die feinstofflichen Bereiche dringt – und wir erlauben uns nicht, den schönen Duft unserer Feinstofflichkeit hier auszubreiten, die erfüllt ist von aromatischen Düften, obwohl alles Sein davon profitieren und auch Heilung erfahren würde.

Die Wahrheit ist, dass wir uns nicht so gerne mit diesem Thema befassen. Der Wunsch, uns selbst in unserer Art und Denkweise zu verändern, ist nicht besonders ausgeprägt. Wir fallen immer wieder in die alten Muster dieser Denkkonstrukte zurück und können uns nicht an das Neue gewöhnen. Sieh dich selbst aus deiner höheren Perspektive, aus deinem wahren Seinsaspekt, und du wirst sehen, dass du ganz anders denkst und ganz anders handelst. Vor allem wirst du aufhören mit dem ständigen Urteilen und dem Verurteilen anderer in dem Glauben, du seist besser. Du brauchst dich nicht mehr über andere zu erheben in dem Bedürfnis, dich als besser und schöner, größer oder sogar als »das beste Stück« empfinden zu müssen.

In solchen Momenten sind wir dabei, uns selbst abzusägen, zu erniedrigen, uns in unserer Kraft zu beschneiden und unseren Selbstausdruck zu verunglimpfen. Deswegen ist es so wichtig, dass wir unsere Art zu denken und zu handeln unter die Lupe nehmen.

Wir selbst sind die Verantwortungsträger für unseren eigenen Selbstausdruck

Jeder trägt selbst die Verantwortung für sich und seinen Lebensausdruck, und niemand kann für eine andere Wesenheit die Verantwortung übernehmen.

Das Sein auf der Erde ist stark manipuliert, aber es sind vor allem in den letzten Jahren viele Informationen zutage getreten, die zeigen, wer und was wir wirklich sind. Viele Menschen leben bereits in der Gewissheit, mehr zu sein als nur ein Körper. Du hast jetzt gesehen, dass du ein Teilaspekt der Gesamtheit bist, nämlich ein Teilaspekt der Göttlichkeit deines höheren bewussten Seins. Du bist hier in diesem Sein, um diese Kraft und diese deine Göttlichkeit hier zu leben und hier einzubringen.

Dies kannst du nur tun, indem du dich in deinem Lebensalltag ganz bewusst in der Gesamtheit deines Selbstes und deines Selbstausdruckes siehst. Nur dann, wenn du diese Gesamtheit spürst, kannst du auch gewiss sein, dass du das, was du bist, auch lebst.

Bist du nicht mit dir im Verbund, spürst du nicht deine Gesamtheit, so bist du in der Trennung. Das Trennungsgefühl bezeugt nur eins: dass du isoliert bist von deiner gesamten Kraft und deinem Potenzial. Wenn du dich einsam und unverstanden fühlst und wenn du auf der Suche nach irgendetwas bist oder jemanden suchst, der dich erfüllt, dann bist du nicht mit dir im Bunde, das heißt, du bist getrennt von dir und fühlst nicht deinen Gesamtausdruck.

Die Fülle und die Einheit sind nur in uns selbst zu finden. Das Gesamte deines Aspektes ist niemals im Außen und noch weniger nur im Körper zu finden. Die körperliche Seinsebene ermöglicht uns, hier tätig zu sein und hier in dieser niedrigen Schwingungsebene etwas zu manifestieren. Aber um jetzt eine neue Seinskraft zu manifestieren, brauchen wir nicht nur die körperliche Seinsebene, sondern unser gesamtes Potenzial. Denn die neue Seinskraft muss aus dem reinen Geiste hier in dieses Sein fließen, sie kann nicht aus der niederen Seinsform geboren werden. Eine neue Seinskraft kann nur aus dem Reinen Geistigen Sein geboren werden, und dies ist nur möglich, wenn man mit sich selbst im Kontakt ist, mit der eigenen Gesamtheit, die wiederum an die Quelle allen Seins angeschlossen ist.

Jetzt verstehe: Wenn du dich weiterhin weigerst, deinen Gesamtaspekt anzuerkennen, bedeutet das, dass du in der Lüge lebst. Lüge bedeutet Trennung und beinhaltet nicht das gesamte Sein. Du kannst dann auch nicht deine fließende Kraft hier in dieses Sein holen; es stockt einfach, denn du bist nicht mit dir in der Wahrheit und nicht in der Wahrheit deines Selbstes hier präsent. Du bist hierher gekommen und willst dich in deiner wahren Seinskraft hier manifestieren. Du willst, dass sich die Reinheit des Geistes hier in diesem Sein ausdrücken kann und hier in dieses Sein hineinfließen kann, damit es diejenigen erreicht, die jetzt ebenfalls die Wahrheit und die Reinheit der geistigen Kraft in sich aufnehmen möchten. Das kann nur geschehen, indem du es dir selbst ermöglichst und dich immer in deinem Gesamtausdruck siehst.

Solange du dich in der Trennung oder in der manipulierten Kraft deiner Minderwertigkeit siehst, bedeutet dies, dass dir noch die Entschlossenheit fehlt, wirklich aus den Prinzipien derer auszusteigen, die hier die Menschheit, die ihnen zur Nahrung und Triebbefriedigung dienen soll, versklaven.

Stattdessen erlaube dir deine Seinskraft. Sie wird hier ein Neues Sein mit begründen und kann eine neue Seinskraft erschaffen, aber nur dann, wenn du in der Reinheit deines sich selbst ausdrückenden Seins hier tätig bist.
Vertraue darauf und wisse, nur wenn du dafür sorgst, dass diese manipulative Kraft dich, deine manipulierte Welt und deine Gedanken verlässt, hast du die Möglichkeit, eine neue

Seinsebene zu erschaffen. Sonst wirst du durch das, was in dir manipuliert ist, wie an einem Gummiband immer wieder in deine alten Verhaltensweisen zurückgezogen.

Bist du dir bewusst, wie kraftvoll du bist und wie kraftvoll du in deinem Selbst hier wirkst, hast du die Möglichkeit, das Neue Wahre Sein hier zu manifestieren. Dann bist du überzeugend in deinem Ausdruck, und du bist wahrheitsgetreu für das tätig, was der Reinen Geistigen Kraft des Wahren, Reinen Geistigen Seins entspricht.

Dem alten Sein muss jetzt ein Ende gesetzt werden, damit sich ein Neues Sein sichtbar manifestieren kann.

Du bist dein Höheres Selbst – also lebe dich

In der Reinheit unserer Geistigkeit liegt der einzige Halt, den wir wirklich besitzen. Wir sind in dieses Sein gekommen, um uns hier in unserer vollkommenen Seinskraft zu manifestieren, damit wir mit unserer Energie im irdischen Sein das manifestieren, was der Quelle des Reinen Geistigen Seins entspricht. Wenn wir im Zweifel sind, können wir uns nur immer wieder an den Ursprung erinnern, an unsere Seinskraft, unsere Wahrheit. Damit kommen wir sofort wieder in die Kraft, die uns unterstützt und es uns ermöglicht, in dieser Welt eine neue Seinsebene zu manifestieren.

Du erlaubst dir teilweise das wahre Sein nicht, aber es ist in dir. Deine Konflikte, die du hier hast und lebst, rühren daher, dass du selbst dein wahres Sein immer noch nicht vollkommen integriert und anerkannt hast. Das Einzige, was du in dieser kommenden Zeit tun solltest, ist nämlich, dich immer wieder daran zu erinnern und dich in deine Kraft hinein zu begeben, um dich in der Wahrheit deines Seinsausdrucks zu leben. Dann weißt du, was und wer du bist, wie du dich hier manifestieren wolltest und wodurch du hier in dieses Sein gekommen bist, aber vor allem, warum du jetzt hier durchhalten solltest.

Wir können uns jeden Tag immer wieder aufs Neue vorstellen, wie diese fließende Kraft, die aus der Quelle Allen Seins kommt, uns erhebt und kraftvoll wirken lässt, uns aber hier in diesem Sein vor allem Ruhe und Gelassenheit gibt. Wir können uns diese Kraft immer wieder vor Augen führen und visualisieren, wie sie uns durchflutet, uns stärkt und immer um uns herum ist. Denn jeder von uns ist ein Teilaspekt seiner geistigen Wesenheit, seiner göttlichen Wesenheit.

Jetzt vertraue dich immer nur deinem Höheren Selbst an, das hier in diesem Sein aktiv ist. Dieses Selbst ist ein Teilaspekt deiner Göttlichkeit, in die du jederzeit einkehren kannst und die du jederzeit benutzen kannst, um in der Stärke deiner von dir selbst gewählten Form hier tätig zu sein.

Egal an welchem Punkt du jetzt gerade stehst: Wenn du dich wirklich leben willst, wirst du dein Sein auch hier manifestieren können. Du wirst dich hier in deinem vollkommenen Seinsausdruck wirklich nützlich machen können, damit die neue Ebene sich hier ausdrücken kann und damit all diejenigen, die diese höhere Schwingung benötigen, auch angesprochen werden können.

Deine Liebe soll sich hier auswirken und manifestieren, diese liebende Kraft des All-Einen Seins. Sie will ein neues Gewebe wirken, mit dir und mit all denen zusammen, die gemeinsam den Weg gehen und für das kommende Sein eine gute, stabile Basis erschaffen. Sie wird der Ursprung für die neue Dimension sein, der wir eine Form geben wollen.

Damit erlaube dir deinen Selbstausdruck, das ist deine Aufgabe. Darauf solltest du dich konzentrieren, damit du alle Aspekte, die nicht zu dir gehören, aus deinem Sein hinauswaschen kannst und du dann in der Reinheit deines geistigen Ausdrucks hier wirkst.

Vertraue in deine eigene Kraft. Dein ganzes Sehnen und Trachten sollte dahin gehen, dich in deiner wahren Seinsform hier auszudrücken und zu manifestieren.

In diesem Sinne wünsche ich dir den Erfolg, den du benötigst, sowie die Kraft, dich von allen Belastungen zu befreien. Erlebe dich in deiner wahren Kraft. Das ist dein Weg und dein Ziel zugleich.

Worte zum Schluss

Wenn du hier in diesem Buch all das gefunden hast, was dir hilft, dich aus den Fesseln zu befreien und dich so zu verändern, dass du selbst dich ausdrückst und dich jetzt in dem Gesamtausdruck deiner Wesenheit darstellst, dann hast du dein Ziel erreicht.

Vergiss nie, wer du tatsächlich bist und welche Eigenschaften du besitzt und verkörperst. Alles, was du selbst im Ursprung deines Selbstausdrucks bist, will sich in diesem neuen, kommenden Sein manifestieren und rein zum Ausdruck bringen.

Auf dem Erdenweg, den du gegangen bist, hattest du deine wahre Identität verloren, aber jetzt, wo es darauf ankommt, dich selbst zu leben und das Wahre deines Seinsaspektes und deine Qualität auszudrücken, kommt dir diese Information zugute. Deine hohe wahre Natur hat dich zu diesem Wissen geführt, welches dir hilft, dich wieder zu vervollkommnen. Alle negativen Einflüsse hat sie dir vor Augen geführt, damit du sie nun aus deinem Sein entfernen kannst.

Alles, was du für dich und dein Leben brauchst, ist bereits in deinem Herzen gespeichert, und deshalb ist es normal, dass du die Wahrheit über dich und dein wahres Selbst nur über dein Herz erfährst.

Alles Sein hat seinen Ursprung im Reinen Sein, der Quelle des All-Einen, und du bist ein Teil vom Ganzen, der wiederum wünscht, das Reine hier in diesem Sein zu manifestieren, damit all die vielen Brüder und Schwestern den

Weg ins Neue Sein finden können. Dies ist der eigentliche Grund, der dich hierher geführt hat und dich jetzt die letzten Fesseln der Behinderung abstreifen lässt. Du willst dich in deiner wahren Natur leben und ausdrücken, damit alle, die dir begegnen, durch dich angeregt in ihre eigene Veränderung gehen können. So können auch sie selbst in der Zukunft in ein Leben des Lichtes und der Liebe eintauchen. Dies ist dein wahrer Weg und dein wahres Ziel, dein Weg nach Hause und dein Weg in das Neue Sein.

Interview mit Jutta Belle:
Vom Herzen her ins Neue Sein
Liebe dich, damit du den Nächsten lieben kannst

Jutta, ich habe den Eindruck, deine Arbeit besteht darin, dass du den Menschen hilfst, in ihre Liebe zu sich selbst zu kommen. Ist das richtig?

Ja, das ist so, denn die Selbstliebe ist der wichtigste Faktor im Selbstausdruck eines jeden Einzelnen, und darum gehört zu einer Heilung des eigenen Selbstes auch die Selbstliebe, sowie die Anerkennung und der Respekt vor dem eigenen Selbstausdruck.

In unserer Kultur ist es ja so, dass wir die ganze Zeit sehr stark angehalten werden, unseren Nächsten zu lieben, und man denkt immer, das sei doch eigentlich das Wichtigere. Egoismus oder Eigenliebe sind sogar eher Schimpfworte.

Ja, das ist uns so aufgezwungen worden in diesen vielen Jahrhunderten und Jahrzehnten. Wir glauben, wir müssten immer – abgelenkt von uns selbst – unseren Nächsten lieben und ständig für diejenigen etwas tun, die uns nahe stehen. Das können wir ja auch, aber nur, wenn wir auch uns selbst anerkennen und wirklich die Verantwortung für uns übernehmen. Und erst dann, wenn wir für uns selbst sorgen, erhalten wir die Kraft, auch für unseren Nächsten sorgen zu können. Heilung können wir dem Nächsten auch nur bringen, wenn bei uns alles im Gleichgewicht ist. Nur dann, wenn wir diesen Ausgleich für uns selbst geschaffen haben, sind Geben und Nehmen im Gleichgewicht.

Kann demnach Aufopferung, wenn wir also unsere eigenen Bedürfnisse zurückstellen für die anderen und versuchen, den anderen mehr zu geben, als wir selber erhalten, im Grunde gar nicht funktionieren?

So ist es. Aufopferung kann nicht funktionieren, weil du dem Nächsten immer nur das geben kannst, was du selbst besitzt, denn wenn du – das ist ja auch im Materiellen so – nichts hast, kannst du dem anderen auch nichts geben. Genauso ist es mit der Liebe zu mir selbst. Ich kann niemandem Liebe geben, wenn ich sie für mich selbst nicht habe. Habe ich keine Liebe zu mir selbst, fehlt mir auch der Respekt und die Anerkennung meines Selbstausdrucks, und das heißt, dass ich beides auch für andere nicht habe. Man kann dies auch nicht dadurch ersetzen, dass man von anderen Respekt und Unterwerfung verlangt, nur weil man Titel, Rang oder Reichtum vorweist. Das geht nicht. Es ist nur eine ausgleichende Kraft tätig, wenn ich in der Selbstliebe bin und anderen den Respekt und die Anerkennung geben kann, die ich auch für mich habe. Nur dann kann ich das, was ich bin, auch manifestieren und der andere kann dann von mir bekommen, was er braucht, weil ich es bereits besitze.

Das heißt, Aufopferung und »Geben ist seliger denn Nehmen« ist also aus deiner Sicht nicht richtig?

Alles muss in Balance sein. »Liebe deinen Nächsten wie dich selbst«, heißt es. Wenn wir da eine Einbahnstraße befahren, ist alles verloren. Die Kraft ist verloren, und es ist vergeudete Liebesmühe, weil nichts zurückfließen kann.

Nun leben wir in einer Zeit, wo uns sehr viele Missstände deutlich bewusst werden, weil insgesamt unser Bewusstsein sich erweitert. Als teilnehmender Mensch fühlt man sich ja dann stark aufgerufen, im Äußeren etwas zu tun. Dem scheint jetzt dieser Weg, den du für so wichtig erachtest, nämlich dass man mit der Selbstliebe anfängt, entgegenzustehen. Wie würdest du das gewichten, und wie läuft das in deinen Seminaren?

»Bewusstes Sein« ist die klare Antwort. Die gesamte Menschheit ist so erzogen worden, dass sie von sich selbst abgelenkt wurde und einfach unbewusst ist.

Es ist besonders wichtig, dass jeder von sich selbst erfährt, wer er ist, wie er ist und welche Reaktionen er im täglichen Sein hat. Denn wir sind so manipuliert worden, dass wir uns in der Minderwertigkeit bewegen, als »ewige Sünder« oder »geborene Sünder«. Darum muss zunächst unser System von diesen Manipulationen gereinigt werden, damit diese selbstfließende und selbstheilende Kraft der Liebe, die uns ins Gleichgewicht bringt, auch zum Ausdruck kommen kann. Es ist das Wichtigste für ein Neues Sein, dass diese übergestülpten, manipulierten Denkweisen aus unserem System herausgeschält werden.

Wenn du sagst »aus den Systemen herausschälen«, sind damit die Gefühle gemeint?

Nein. Das ist es nicht. Es geht darum, dass ich Verhaltensmuster habe, die ich mir angewöhnt habe oder die mir durch die Erziehung, durch meine Eltern oder mein Umfeld beigebracht worden sind. Diese Verhaltensmuster muss ich erst einmal richtig beleuchten und prüfen: Gehört das zu mir? Ist es ein Teil von mir? Oder sind es Verhaltensweisen, die ich einfach als Muster aufgeprägt bekommen habe und mit denen ich mich noch nicht mal wirklich wohl fühle? Die Denkweisen meiner Mutter, meiner Oma, meines Großvaters oder von Herrn Meier sind nicht unbedingt meine. Es ist wichtig herauszufinden: Was habe ich in der Vergangenheit an Verhaltensmustern übernommen, oder vielleicht aus einer früheren Inkarnation? Was gehört nicht zu mir? Und was ist tatsächlich meine eigene Art zu denken und zu handeln? Wie wirkt diese sich in meinem Lebensalltag aus? Das ist wichtig. Da muss ich Klarheit haben, denn nur, wenn ich wirklich weiß, was zu mir gehört, kann ich mich auch dafür entscheiden, das zu leben und auszudrücken.

Wenn ich also erkannt habe, was ich bin und was ich ganz und gar nicht bin, dann muss das, was ich eigentlich nicht bin, aus dem System entfernt werden?

Ja, das ist genau so. Denn ich bin eine wunderbare geistige Wesenheit, in einem physischen Körper, der mir als intelligentes und liebevolles Werkzeug ermöglicht, mein Licht und meine Liebe in diesem Sein auszudrücken und zu manifestieren. So kann ein Neues Sein entstehen.

Und was ist jetzt deine Rolle bei diesem Prozess? Wie hilfst du deinen Seminarteilnehmern, das zu tun?

Erst einmal muss sich jeder klar werden, wie stark wir manipuliert sind. Das ist meistens ein Schock, den wir sind in unserem Seinsaspekt fast vollständig manipuliert worden. Das müssen wir in unserem Leben durchschauen und verändern. Wir müssen wir selbst sein, wir selbst werden. Wir müssen aus der Manipulation derer heraus, die uns jetzt hier täglich, stündlich und minütlich manipulieren. Und wir müssen auch die Art des Denkens und Handelns verändern, die bereits seit Generationen Teil der Familiendynamik ist. Das alles hat mittlerweile unser irdisches Sein, nämlich unser Denken und Handeln, sehr stark durchdrungen. Nun müssen wir es aus unserem System herausnehmen – eben herausschälen – um in der Freiheit unseres Selbstausdrucks im Hier und Jetzt präsent sein zu können.

Wir sollen durch diese Manipulationen »geradlinig« gemacht werden. Man will uns »in Form bringen«, so dass wir angepasst und eingepasst werden können. Die Sprüche kennen wir ja alle, und wir haben vielleicht auch unsere Kinder so erzogen. »Geradlinig sein« und dass man uns »in Form bringen« will, heißt, dass man uns zu Würfeln machen möchte. Wenn du ein Würfel bist, bist du geradlinig und in eine anpassungsfähige Form gebracht worden, denn ein Würfel kann gut an den nächsten gereiht werden.

Wir sind aber nicht so. Wir sind einmalig und einzigartig. Unsere Form ist gottgleich, und für Gott steht das Symbol einer Kugel. Bei einer Kugel gibt es Trilliarden von Kombinationsmöglichkeiten, um eine Form zu prägen. Kugeln kann man nicht stapeln. Sie sind nicht geradlinig, sondern rund, und es ist einfach so, dass wir, wenn wir unsere Form leben, nicht angepasst werden können. Wir sind frei. Und Freiheit bedeutet, sich selbst zu leben, sich selbst zu lieben, sich selbst auszudrücken und in der Bewusstheit seines eigenen Glanzes hier in diesem Sein zu sein und zu wirken.

Du hast im Zusammenhang mit deiner Arbeit schon einmal ein Buch geschrieben, »Ich Bin der Weg«. Was ist die Kraft, die in deinen Büchern steckt, worum geht es dir da?

Es ist eine Herzensqualität, es ist eine Sprache von Herz zu Herz, die nicht vom Intellekt gefärbt ist. Wenn man in meinen Büchern liest, dann sagt man: »Ach, das ist ja ganz einfach, das kenne ich ja«. Das stimmt, aber ich kenne es nur, weil es in dieser Herzqualität, der Herzenssprache geschrieben ist, und deswegen ist es für denjenigen, der es liest, fast wie selbstverständlich. Erst, wenn ich mich mehr und mehr damit auseinandersetze, werde ich immer mehr Aussagen in demselben Abschnitt für mich herausfinden. Es sind dieselben Worte, es ist dieselbe Sprache, aber die Informationen, die zunächst die Zellen des Herzens erreichen, breiten sich immer mehr aus; die Knospen, die zuerst geweckt worden sind, werden Blüten treiben, und dies trägt in das Bewusstsein des heutigen Seins die Informationen, die es braucht, um wirklich etwas Neues, etwas Stabiles erschaffen zu können.

Das heißt, deine Bücher wirken für denjenigen, der sich wirklich darauf einlässt, eher auf der energetischen Ebene und nicht so sehr auf der Informationsebene?

Es ist beides. Aber die Hauptsache ist, dass die Sprache der Herzensfrequenz hierin enthalten ist und dass eine Kommunikation von Herz zu Herz stattfindet. Denn die Seinskraft, die uns lenkt und führt, ist die Herzensenergie. Diese Herzenskraft zu entdecken und für sich in Anspruch zu nehmen, das ist das immer deutlicher werdende offene Geheimnis für das Neue Sein.

Leg' einmal Deine Hand aufs Herz. Hier, in die Mitte, da wo du hindeutest, wenn du »Ich« sagst. Nun schließe die Augen und sage zu dir: » E s d e n k t «. Und du kannst immer besser diese Energie deiner Seinskraft spüren. Das bist du. Da ist die Liebe verankert. Da ist das Vertrauen verankert. Da hast du Zugang zu deiner wahren Intelligenz.

Denn dein Herz gehört zu der intelligenten Einheit deines Zellenstaates. Es ist unser eigentliches Gehirn und hat die Möglichkeit, sich an das All-Eine oder die Einheit anzuschließen. Das heißt, die All-Einheit in einem Universum ist immer, fortwährend über die Herzensfrequenz erreichbar, zugänglich und abhörbar. Nur über das Herz kannst du an Informationen kommen, die an das Überbewusstsein angeschlossen sind. Wenn du dein Herz befragst, wirst du Antworten bekommen, die du brauchst, um alles einfacher und vollkommener und schneller lösen zu können oder in Bewegung setzen zu können.

Also Kopf und Herz kommen zusammen, oder besser, das Herz gibt vor und der Kopf verwirklicht, was sein soll?

Ja, so ist die Reihenfolge richtig. Das männliche und weibliche Prinzip kommen hier zusammen, um gemeinsam für das Neue Sein zu wirken. Dann wird die reine rationale (männliche) Kraft mit der kreativen schöpferischen (weiblichen) Kraft ergänzt, und eine Balance entsteht. Unser physisches Gehirn ist eigentlich ein Computer, der nicht eigenkreativ ist. Er kann uns nur das liefern, was hinein programmiert wurde, auch das reichhaltig Manipulierte und Angsterregende. Das Herz aber ist schöpferisch tätig und ausgerüstet, um Neues zu erschaffen. Man kann es nicht belügen, also auch nicht manipulieren. Darum kann ich auch mit Gewissheit sagen: »Ich vertraue nur mir selbst. Daraus beziehe ich meine Kraft. Damit kann ich alle Ängste, die auf mich einwirken wollen, in Vertrauen umwandeln. Es ist eine wunderbare Kraft.«

Wenn ich in der schöpfenden Kraft, der erwachenden, sich fortwährend selbst erhaltenden Seinskraft bin, meiner Liebeskraft, dann kann ich immer nur für das Ganze denken und handeln, und das ist konstruktiv, aufbauend und nährend für alles Sein. Es erschafft mit allen anderen erwachten Herzensqualitäten zusammen das Neue Sein.

Jetzt wird auch klar, dass der Versuch der totalen Sexualisierung unseres Lebens schon von klein auf, uns nur von uns und dem Liebesbedürfnis unseres Herzens ablenken soll. Wir sind so stark manipuliert worden, dass Liebe eigentlich nur noch mit Sexualität in Verbindung gebracht wird. Und da Sexualität ohne Liebe keine Erfüllung bringen kann, werden Überreizungen durch sexuelle Praktiken bis hin zu Perversionen als normal hingestellt, als »Liebe machen«. Das geht nicht. Die Wertigkeit einer Liebe kann nur aus der Qualität der Liebe eines jeden zu sich selbst entstehen. Das heißt auch, jeder der Partner soll seinen Part leben. Erst dann können beide Energiefelder ein Ganzes herstellen, so dass die sich berührenden Energielinien wie ein energetischer Springbrunnen zusammen wirken. Dann kann man eine vollkommene, bewusst gepflegte Seinsform entwickeln und auch eine erfüllende Sexualität leben.

In deinem ersten Buch sind viele Affirmationen mit Ich Bin enthalten. Das ist ein Zauberwort, denn ich bin ja die einzige, die zu mir Ich Bin sagen kann. Ist dieses Ich Bin eine besondere Kraftformel?

Oh ja! Diese Kraft täglich zu nutzen ist so hilfreich. »Ich Bin« ist der kraftvollste Ausdruck im Universum. Wenn ich es ausspreche, mobilisiere ich meine Schöpferkraft. Weil fortwährend und lebenslang durch die Weltgeschichte und die Werbung und unser Umfeld so viel auf uns einstürmt, brauche ich Unterstützung, damit ich wieder in mein Selbstbewusstsein komme. Und dabei helfen diese Affirmationen. Ich Bin Vertrauen, Ich Bin Liebe, Ich Bin Freude...
Unsere Zellen lauschen unseren Worten und nehmen sie für bare Münze. Was mussten sie schon alles von uns anhören! »Ich bin nichts wert. Ich bin nicht so gut wie die anderen. Ich bin nicht so schön, so intelligent, nicht so perfekt wie die anderen.« Diese uns herabsetzenden Aussagen kennen wir zur Genüge. Sie prägen uns, und unser Seinsausdruck ist dementsprechend. Bewusstes Sein heißt, wir achten immer mehr auf unsere Worte und unsere Gedanken. Die positiven Ich Bin-Affirmationen helfen uns, ein ganz neues Lebensgefühl zu entwickeln.

Nehmen wir doch das Thema »Liebe zu sich selbst« und die Schwierigkeiten, die dabei aufkommen, dies wirklich zu leben – und jetzt sagst du zu dir:
»Das Liebevollste in meinem Sein Bin Ich
und nur Ich kann mich erfüllen.«
Täglich, am besten gleich morgens und du wirst sehen, dein Gefühl für dich selbst bekommt eine Form. Unser Zellsystem weiß von der Liebe, unsere Seinskraft, die den Körper formt, weiß von der Liebe, hat aber in den Jahren erfahren müssen, dass man sie nicht lebt und dass auch sie unter dem Mangel dieser zuwendenden Kraft gelitten hat. Deine Seinskraft lebt sofort auf und verjüngt deine Zellen, da du wieder in der Bewusstheit deiner Kraft lebst und dies im alltäglichen Sein manifestierst. Du bist in dir ruhend. Du bist bei dir. Und jetzt kannst du die Welt verändern. Auch deine Zellen kommunizieren mit der Umwelt.

So bringt uns das Ich Bin dazu, unser Unterbewusstsein neu zu belehren.

Ich Bin wunderbar! Ich Bin großartig, so wie ich bin! Ich Bin ein Göttlicher Ausdruck! Ich Bin der Anknüpfungspunkt für das Neue Sein und im Hier und Jetzt tätig! Und so weiter.

Wir brauchen diese Hilfe, um in eine neue Lebensqualität eintauchen zu können. Die Kräfte, die uns manipulieren wollen, sind sehr stark, und wir werden außerdem so stark bestrahlt wie noch nie zuvor. Doch es ist wichtig zu wissen: Diese Manipulationen können immer nur dort ansetzen, wo wir schwach sind. An den Problematiken, die wir leben und die wir einfach nicht erkennen wollen. Oder wir sind zu bequem und wollen lieber das Alte weiter ausführen.

Doch wenn du dich auf den Weg des Bewussten Seins machst, dann bist du nicht allein. Die Einheit trägt dich. Hast du ein Problem und brauchst Unterstützung, dann bittest du die Einheit um Hilfe. Du musst nicht genau wissen, welches hohe geistige Wesen für ein spezielles Problem zuständig ist. Es reicht, wenn du hier die Einheit bittest, dir behilflich zu sein. All diejenigen, mit denen du vereint auf der geistigen Ebene bereits tätig warst, sind hier zugegen, gehen mit dir deinen Weg und helfen dir, deinen Lebensausdruck auch nach außen zu bringen. Erlaube es dir und sei bereit dafür, dass dein Leben höher schwingen und ein intensiveres Leben sein wird, weil du es mehr genießen kannst, weil du es nutzbringend verbringen wirst und weil Leichtigkeit und Freude dein Sein erfüllen.

Ich Bin hier in dieses Sein gekommen,
um das zu manifestieren, was ich bin.
Nämlich meine Eigenschaft,
meine eigene Energie,
meinen eigenen Ausdruck,
meine Fröhlichkeit,
meine Liebe und mein Licht.
Ich Bin! Ich Bin! Ich Bin!

Ich Bin in der Wahrheit meines Selbstes,
in der Wahrheit der allumfassenden Liebe
und in der selbstlosen Kraft meiner Liebesbeziehung
zwischen mir und der universellen Kraft der All-Einheit,
die mich fortwährend trägt
und die mir hilft, in dieser Seinsebene
das Reine Sein zu manifestieren,
die Liebe, das gesunde Miteinander,
das fortwährend kraftvolle aufbauende Sein.
Ich Bin! Ich Bin! Ich Bin!

Danksagung

Ich danke von Herzen all denen, die auf allen Ebenen mitgeholfen haben, dieses Buch ins irdische Sein zu bringen.
Jutta Belle